# LE PLAIN-CHANT RENDU FACILE

Par le frère Achille de la Miséricorde

## MÉTHODE ÉLÉMENTAIRE

POUR FORMER LA VOIX DES ENFANTS

Spécialement appliquée au chant Romain

(Édition de Reims et Cambrai)

PAR FRÈRE ACHILLE DE LA MISÉRICORDE

**EN VENTE**

CHEZ L'AUTEUR, A SAINT-MAIXENT (DEUX-SÈVRES)
Et dans les Librairies Religieuses des départements
où l'on suit le chant de Reims et Cambrai.

# PROPRIÉTÉ

### DE LA MÉTHODE ET DU NOUVEAU SYSTÈME DE NOTATION

*Tous droits réservés*

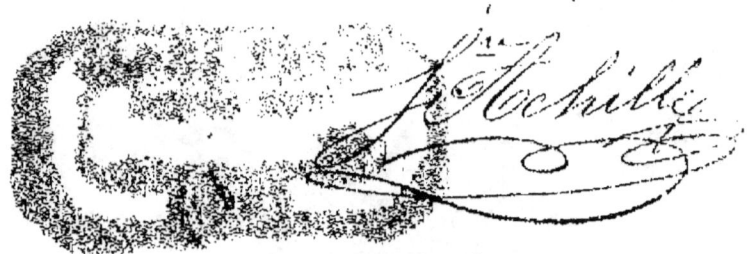

---

Saint-Maixent, typ. Ch. Reversé.

# LE PLAIN-CHANT RENDU FACILE

Par le frère ACHILLE de la Miséricorde

## MÉTHODE ÉLÉMENTAIRE

SPÉCIALEMENT APPLIQUÉE AU CHANT DE LA COMMISSION DE REIMS ET DE CAMBRAI

### NOTIONS PRÉLIMINAIRES

§ I. — DU PLAIN-CHANT EN GÉNÉRAL

La science du plain-chant consiste :
1º A connaître le nom et la valeur des notes ;
2º A pouvoir produire exactement, à l'aide de la voix, les sons exprimés par ces signes.

*Tableau des signes.*

Ces signes sont :

1º La portée : Réunion des 4 lignes.

2º Les 4 formes de notes :
La double carrée ; la carrée à queue ; la carrée et la losange.

3º Les deux clefs :

La clef de *do* sur 2 lignes et la clef de *fa* sur la 3e.

4º Les signes accidentels :
Le ♭ *bémol* qui abaisse d'un demi ton la note ou les notes qu'il affecte.
Le ♮ *bécarre* qui détruit l'effet du bémol et rend à la note bémolisée son ton naturel.

# NOTIONS PRÉLIMINAIRES.

5° Les 3 sortes de barres :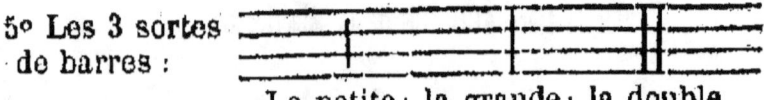
La petite ; la grande ; la double.

La *petite barre* indique un repos peu considérable.
La *grande barre* un repos plus marqué.
Et la *double barre* marque la fin de l'intonation ; la fin des principales parties et la terminaison du morceau de chant.

## § II. — DE LA GAMME ET DES INTERVALLES.

On appelle *gamme* la série des sept notes du plain-chant complétée par la répétition de la première ; toute gamme contient cinq tons et deux demi-tons.

*Gamme naturelle.*

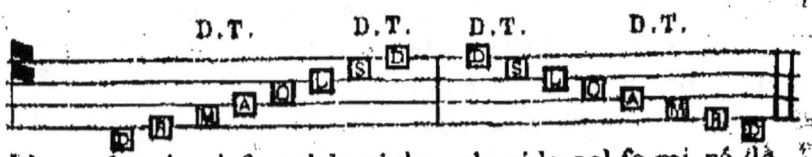

*Lisez :* do ré mi fa sol la si do   do si la sol fa mi ré do

Les lettres D. T. marquent la position des demi-tons.
La lettre initiale frappée sur chaque note en fait connaître le nom.
La différence de sons entre deux notes établit entre elles une relation que l'on nomme *intervalle*.

*Tableau des intervalles.*

Seconde   Tierce   Quarte   Quinte   Sixte   Octave.

*Règles pour bien exécuter le chant.*

1° Vous éviterez de respirer entre deux barres, surtout dans les *neumes*, c'est-à-dire ces suites de notes

## NOTIONS PRÉLIMINAIRES.

partagées en phrases; vous respirerez aux petites barres et vous ferez un repos plus marqué aux grandes.

2° Donnez à chaque note sa valeur; coulez doucement les notes carrées; faites sentir les doubles notes; accentuez les notes à queue et coulez les brèves.

3° Evitez les coups de gosier qui martellent chaque note et rendent le chant insupportable.

4° Enfin, exécutez par un *crescendo*, les progressions de notes ascendantes, et, par un *diminuendo*, les suites de notes descendantes.

### PETITS EXERCICES DE SOLFÉGE.

## NOTIONS PRÉLIMINAIRES.

Intervalles de *tierce*.

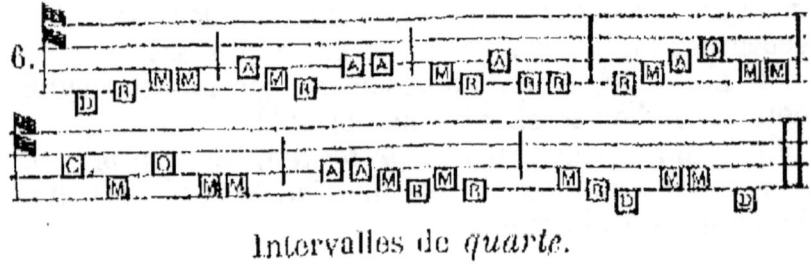

Intervalles de *quarte*.

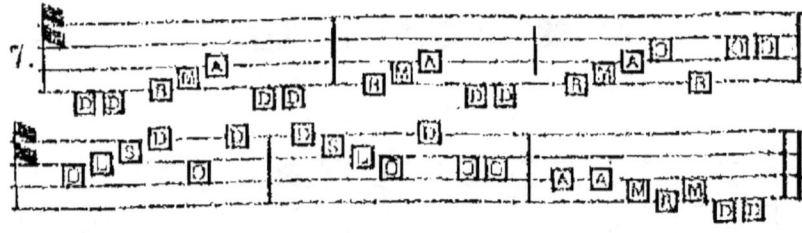

Intervalles de *quinte*.

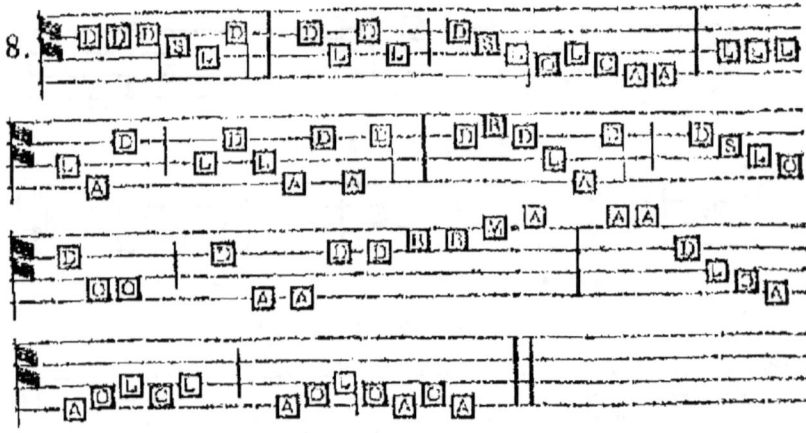

Nous nous bornons à ces quelques exercices, bien persuadé que les élèves prendront plus de goût à solfier et chanter les chants des divins Offices.

A. M. D. G.

# MESSE DES DOUBLES DE 1re ET DE 2e CLASSE

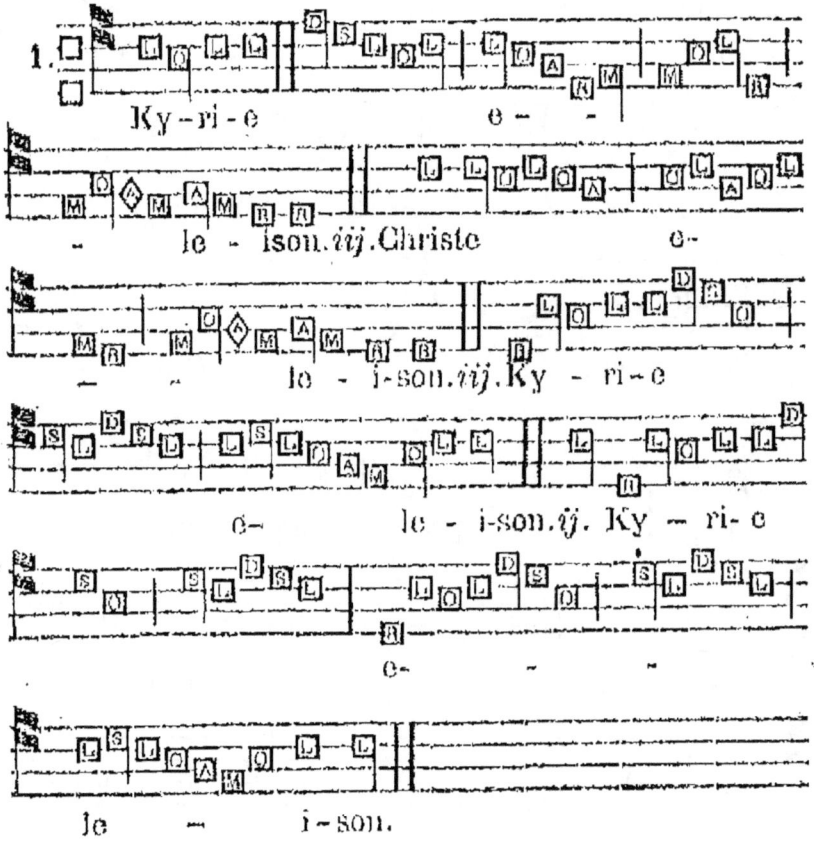

KYRIE.

GLORIA.

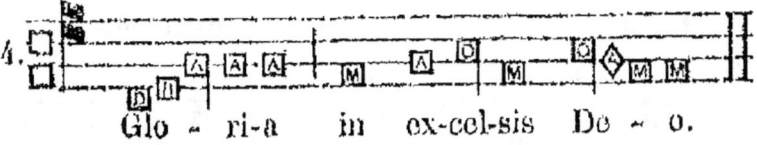

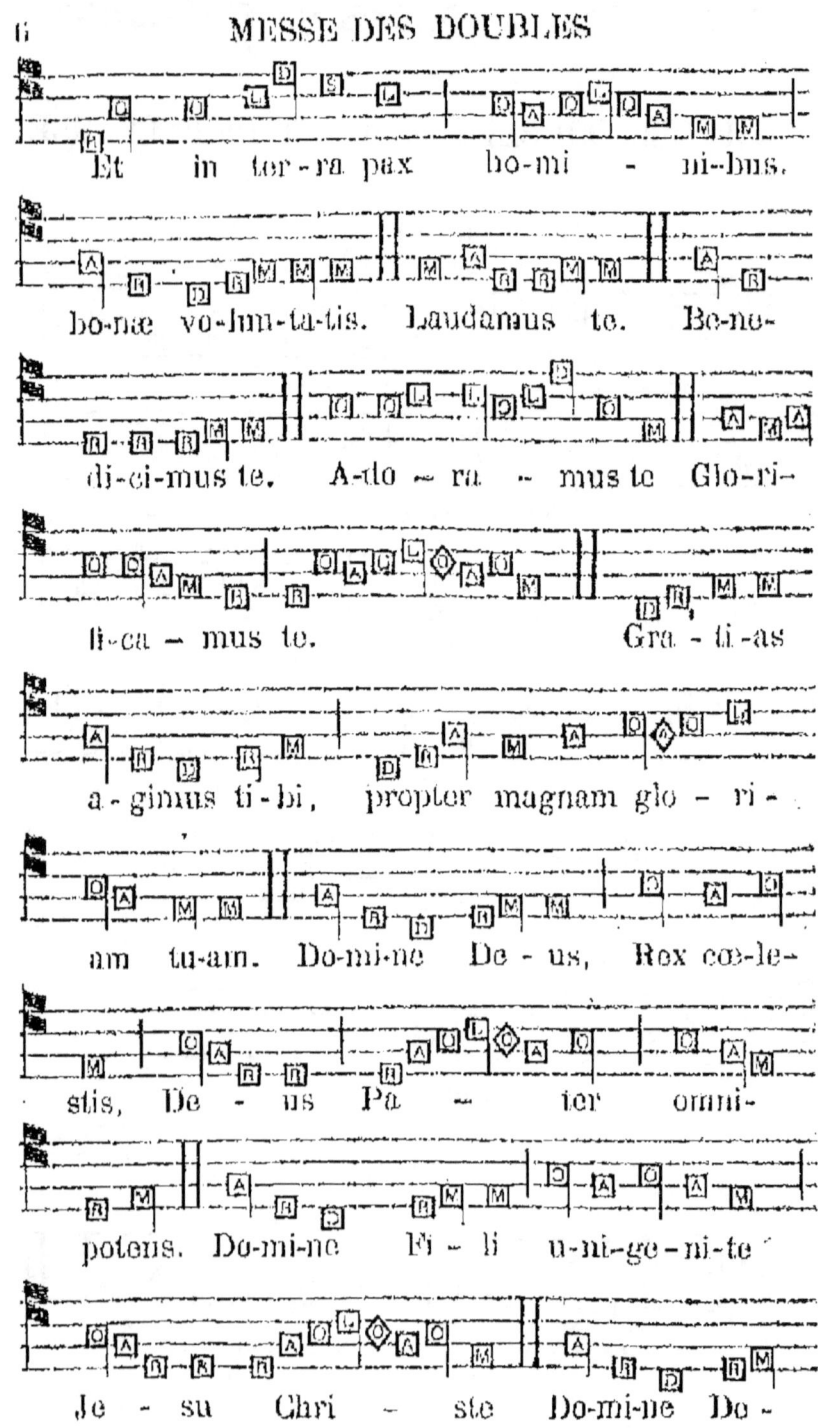

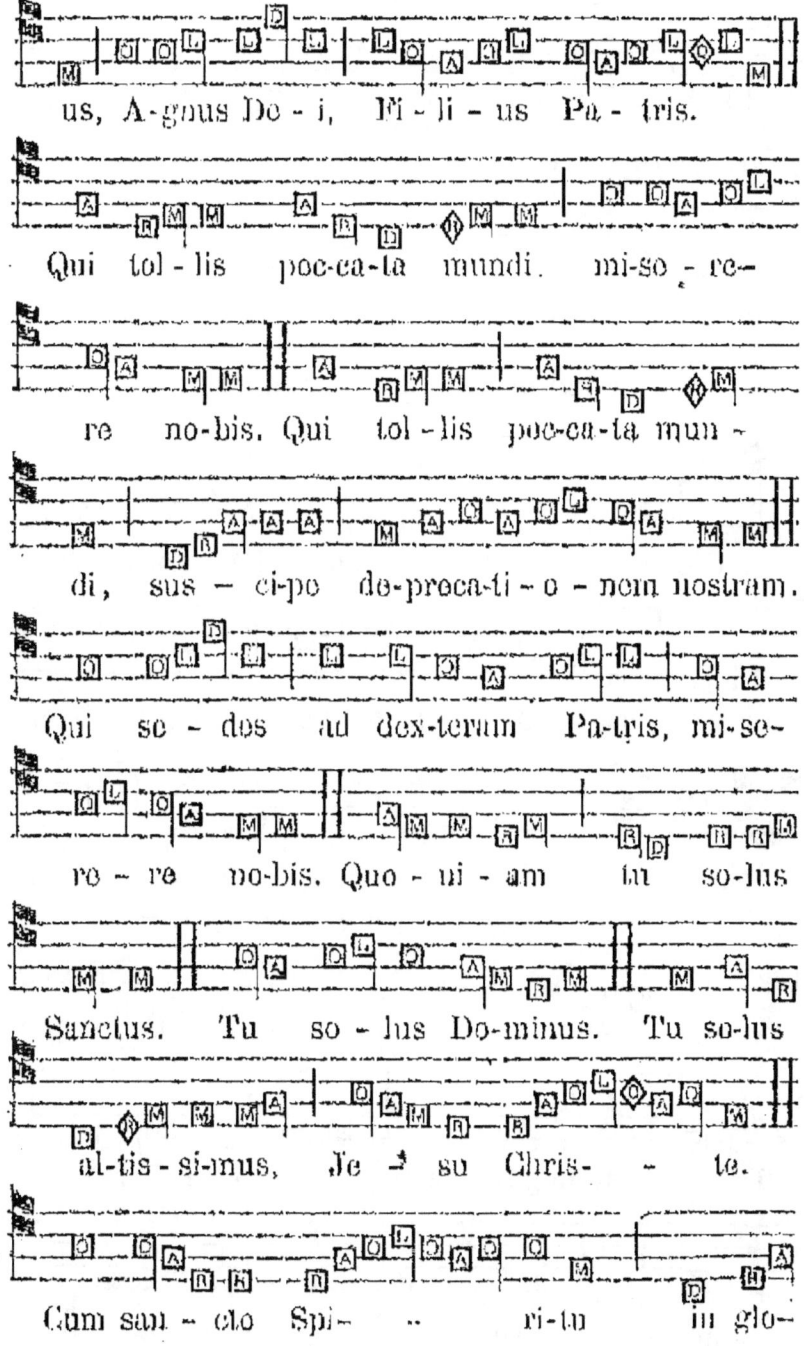

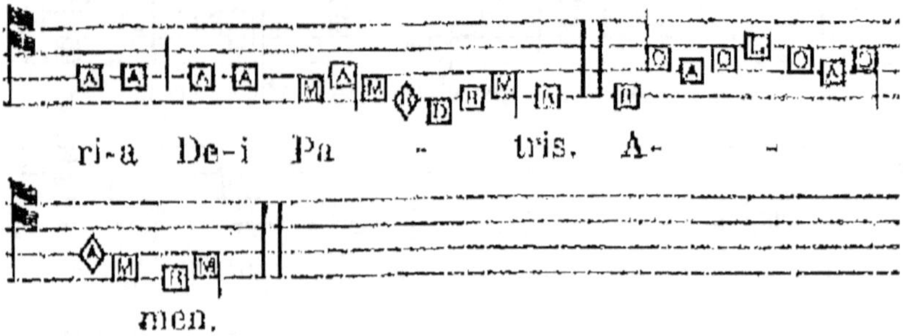

## MESSE DES DOUBLES

ri-a De-i Pa - tris. A - - men.

### CREDO DES DOUBLES MAJEURS.

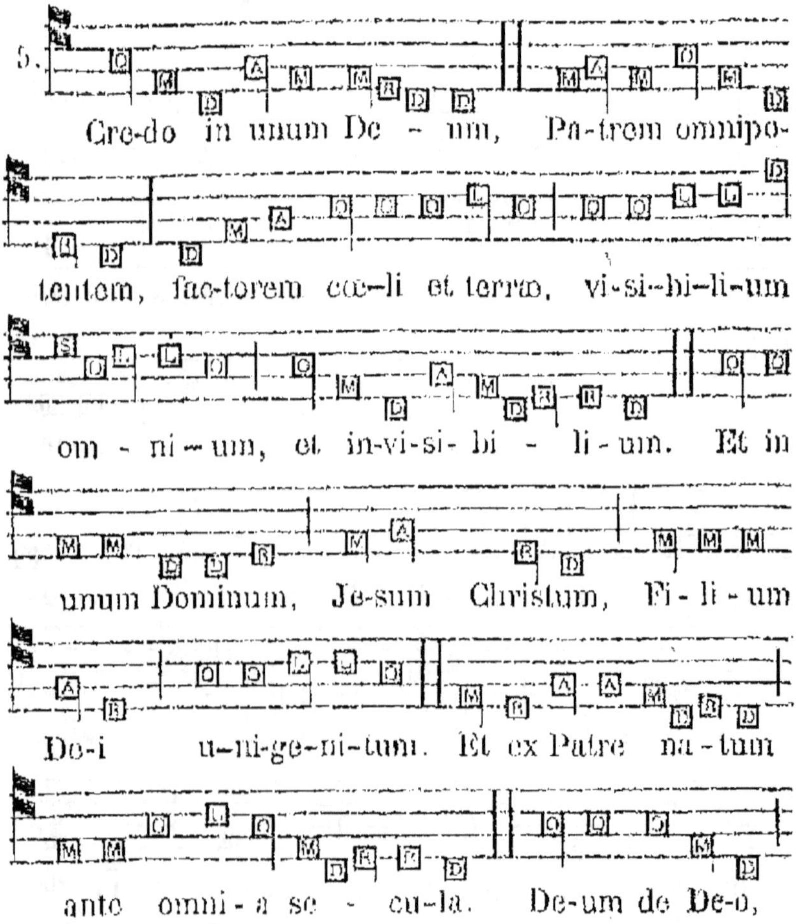

5. Cre-do in unum De - um, Pa-trem omnipo-tentem, fac-torem cœ-li et terræ, vi-si-bi-li-um om - ni - um, et in-vi-si-bi - li - um. Et in unum Dominum, Je-sum Christum, Fi - li - um De-i u-ni-ge-ni-tum. Et ex Patre na-tum ante omni-a se - cu-la. De-um de De-o,

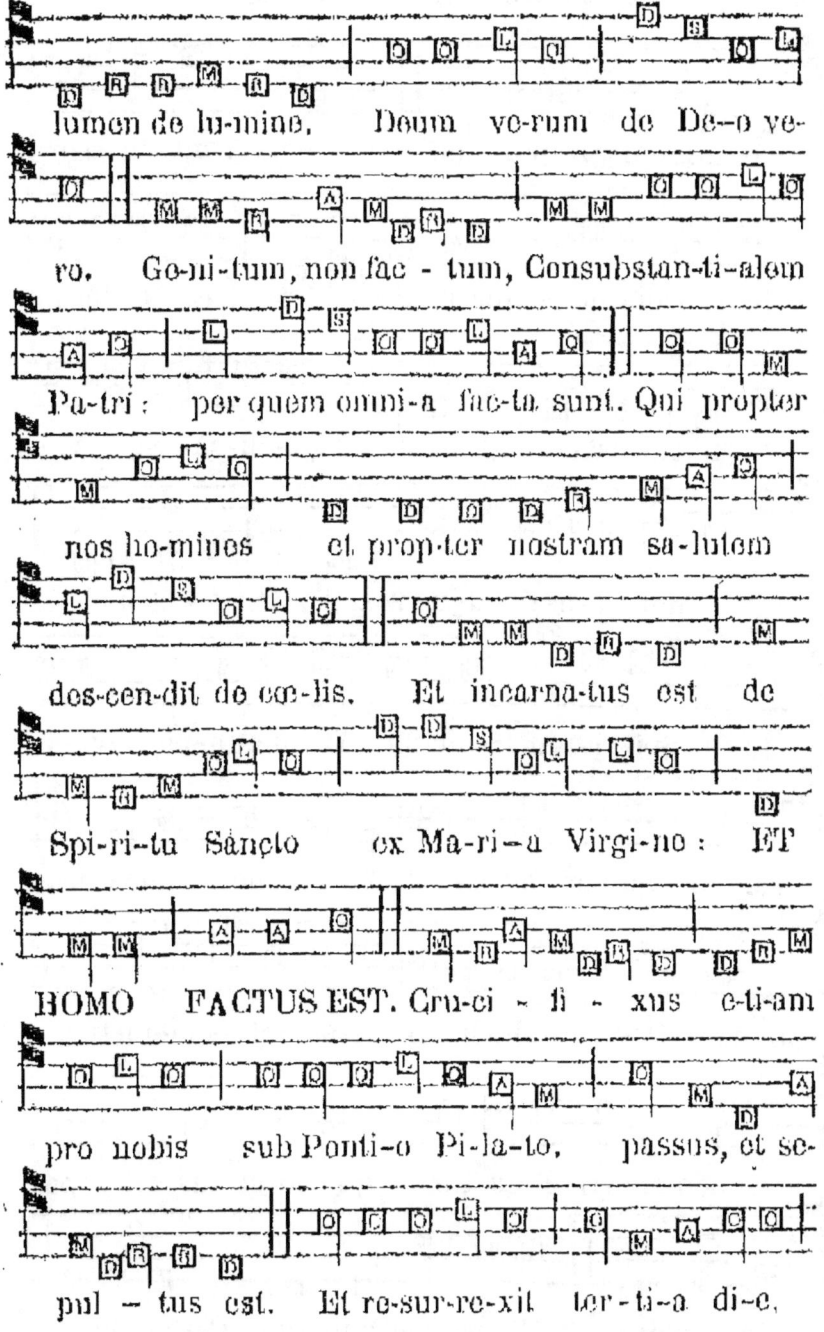

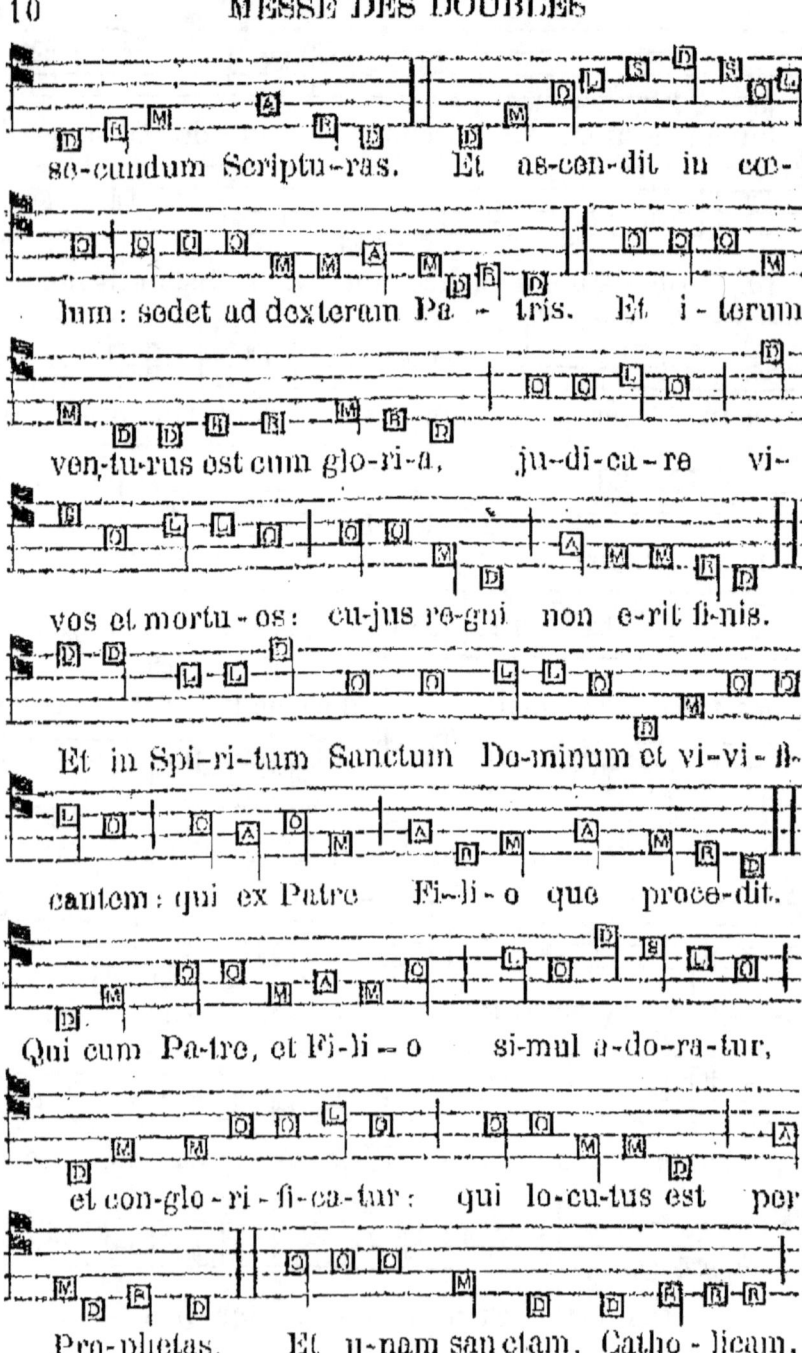

## DE 1re ET DE 2e CLASSE.

Et A-pos-to-li-cam Eccle-si-am. Con-fi-te-or unum ba-ptisma in re-mis-si-o-nem pec-ca-to-rum. Et ex-pec-to re-sur-re-cti-o-nem mor-tu-o-rum Et vi-tam ven-tu-ri se-cu-li. A - - - men.

### SANCTUS.

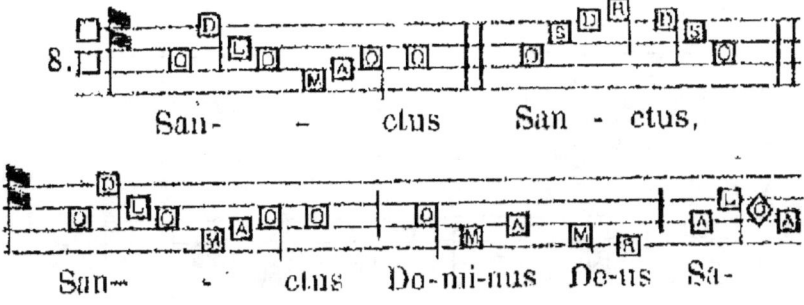

San - ctus San-ctus, San - ctus Do-mi-nus De-us Sa-

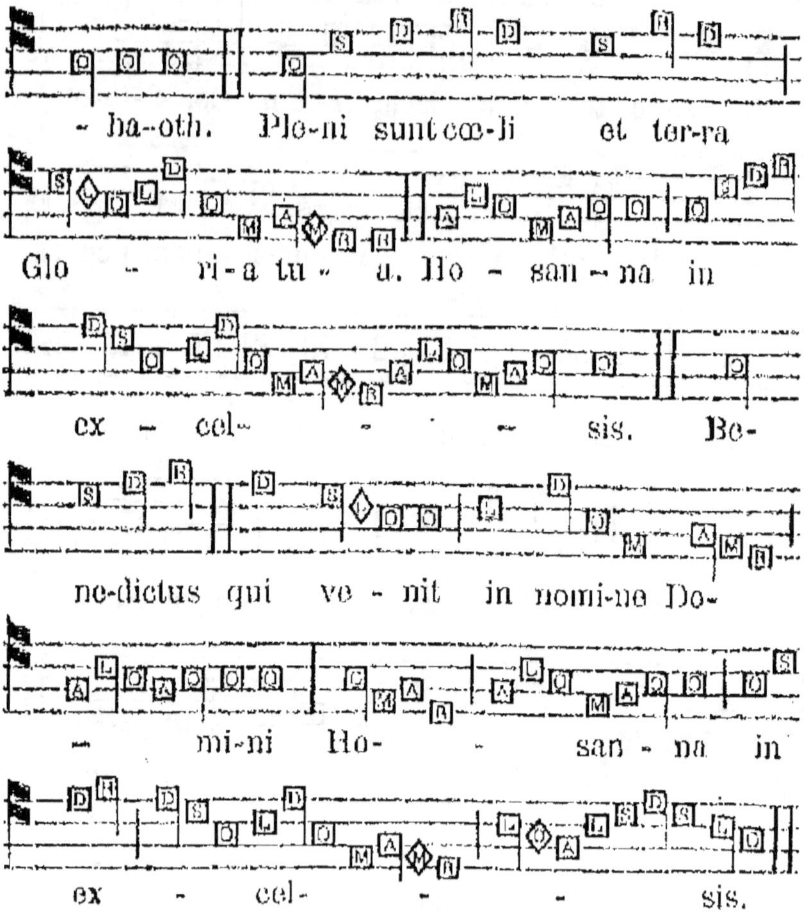

## MESSE DES DOUBLES

-ba-oth. Ple-ni sunt cœ-li et ter-ra

Glo - ri-a tu - a. Ho - san - na in

ex - cel - - - sis. Be-

-ne-dic-tus qui ve - nit in nomi-ne Do-

- mi-ni Ho - - san - na in

ex - cel - - - sis.

### AGNUS DEI.

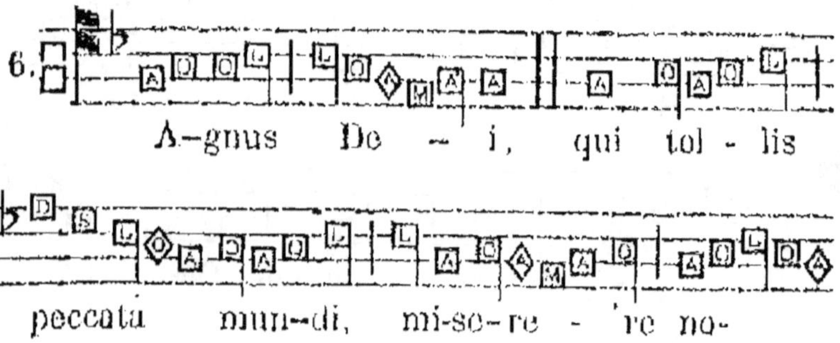

6. A -gnus De - i, qui tol - lis

peccata mun-di, mi-se-re - re no-

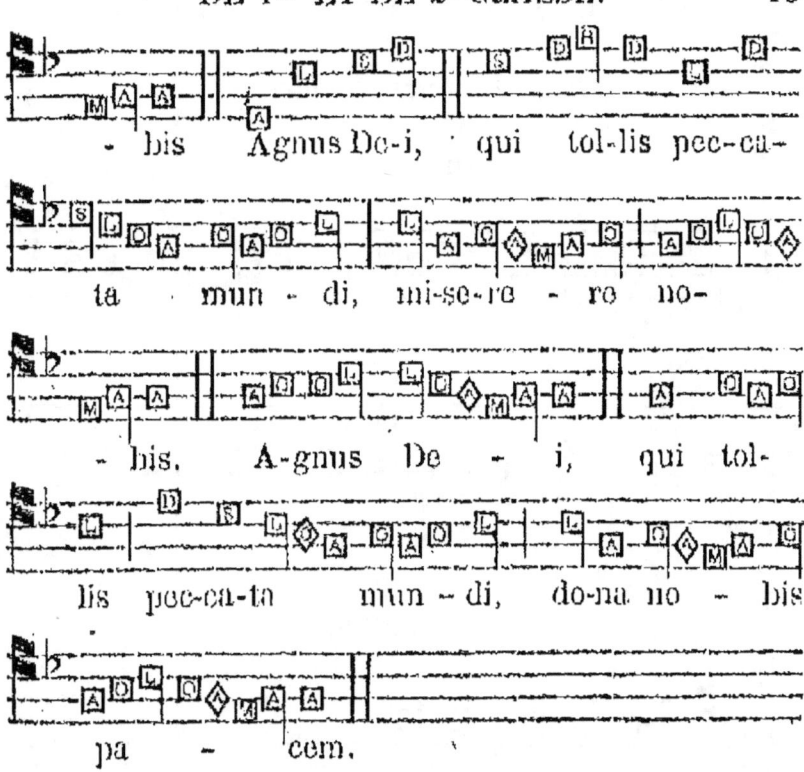

*Pour les fêtes solennelles.*

ITE MISSA EST.

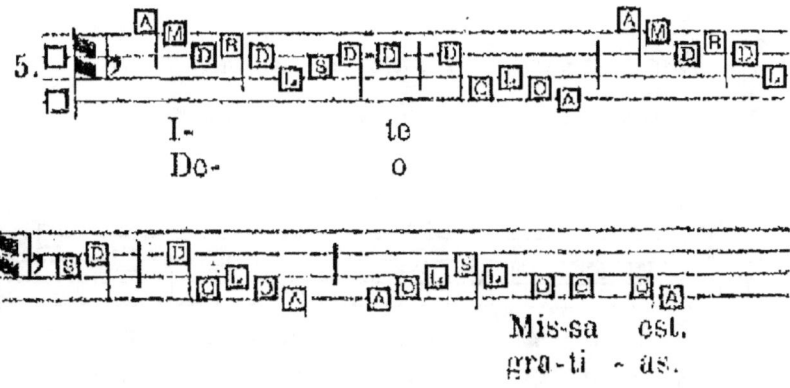

## 14 MESSE DES DOUBL. 1re ET 2me CLASSE

*Pour les fêtes doubles.*

### ITE MISSA EST.

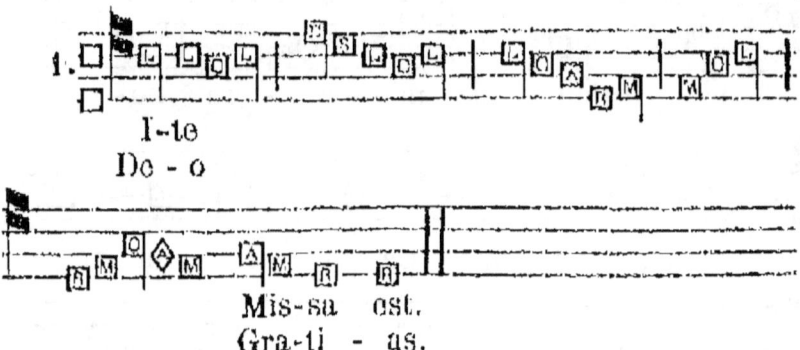

### AUX FÉRIES.

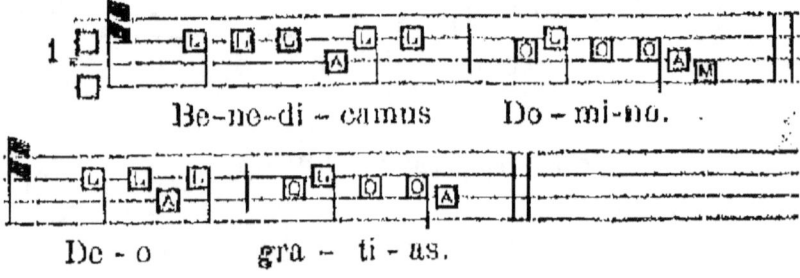

*Temps pascal, depuis le samedi saint jusqu'au dimanche de Quasimodo.*

### ITE MISSA EST.

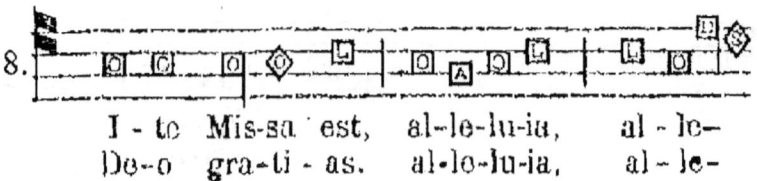

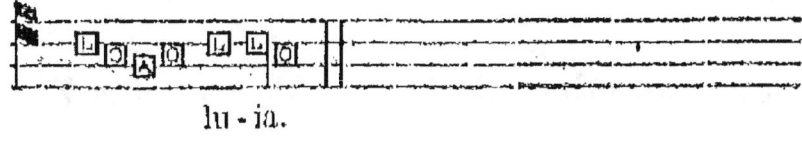

lu - ia.

## MESSE DES DOUBLES ORDINAIRES

### DITE MESSE DES ANGES

#### KYRIE.

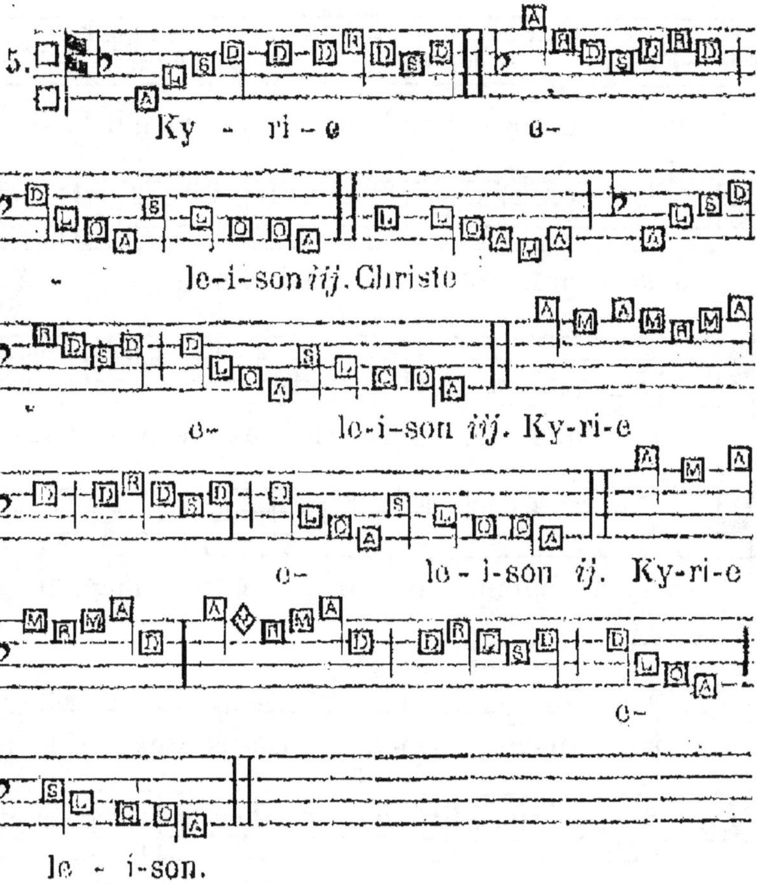

5. Ky - ri - e e-
le-i-son *iij*. Christe
e- le-i-son *iij*. Ky-ri-e
e- le-i-son *ij*. Ky-ri-e
e-
le - i-son.

16 MESSE DES DOUBLES

GLORIA *des doubles de 1ʳᵉ et de 2ᵉ classe, page 77.*

GLORIA USITÉ DANS QUELQUES ÉGLISES.

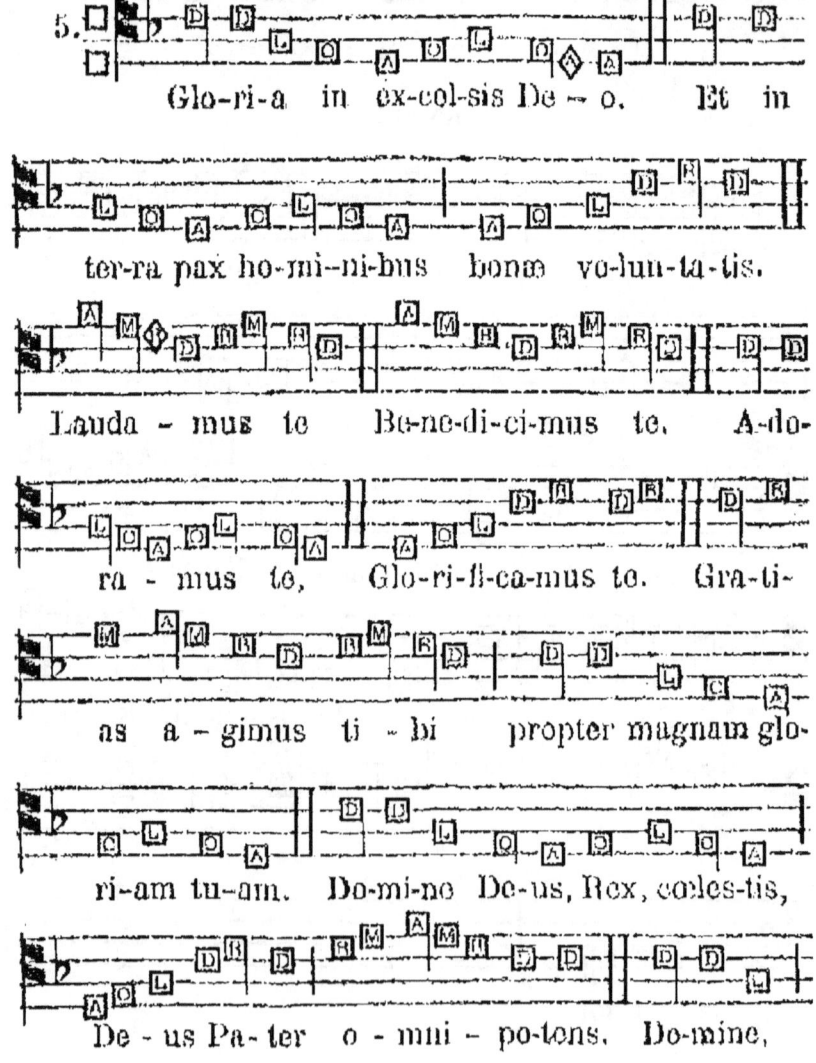

MESSE DES DOUBLES

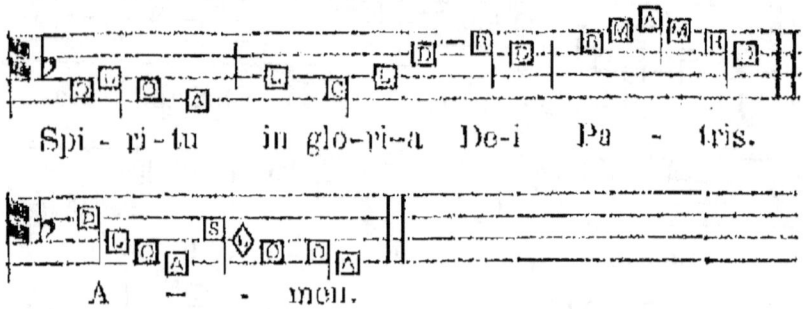

CREDO, de l'ordinaire de la messe, page 41.

SANCTUS.

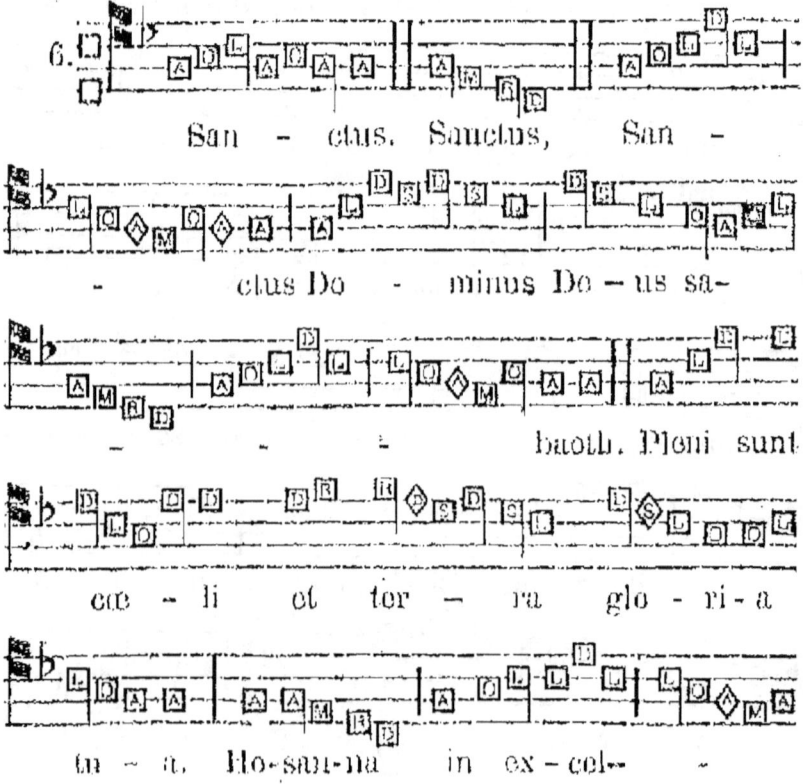

ORDINAIRES. 19

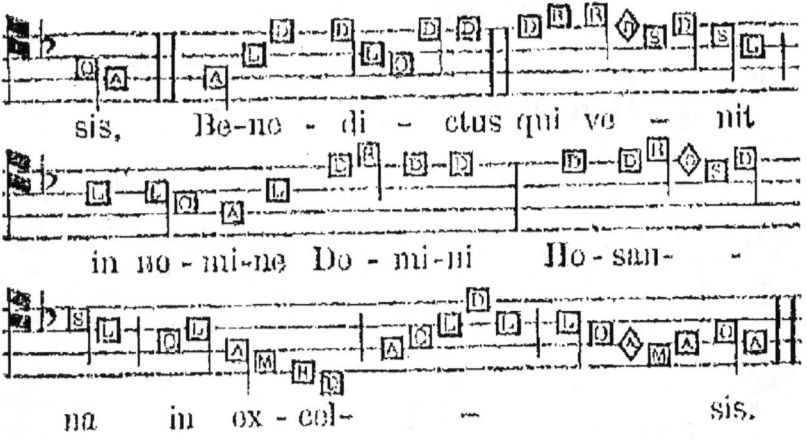

## AGNUS DEI.

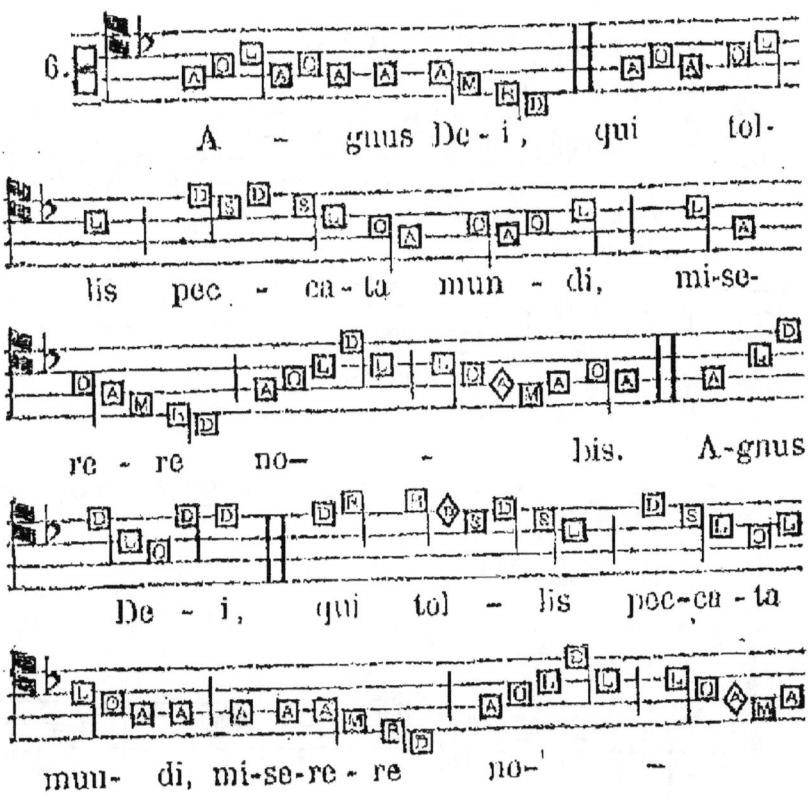

## MESSE ROYALE

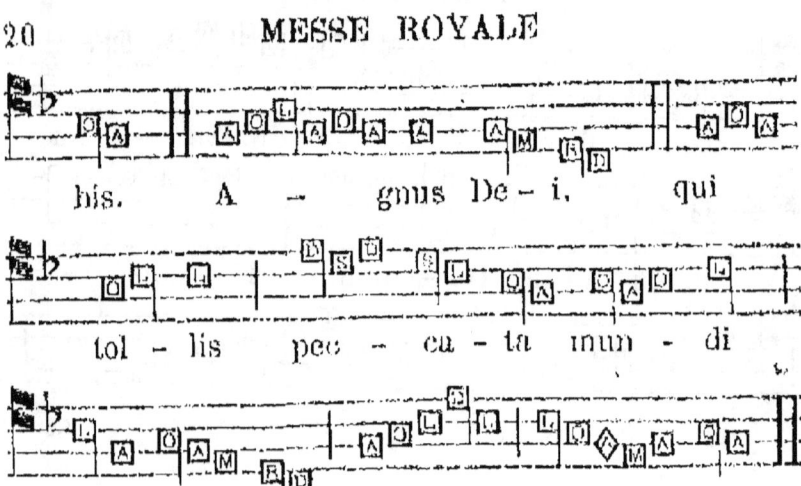

bis. A - gnus De - i, qui tol - lis pec - ca - ta mun - di do-na no - bis pa - cem.

### ITE MISSA EST.

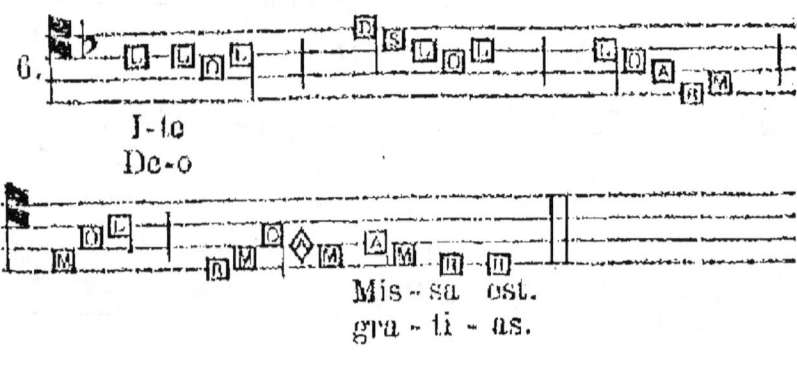

I-te Mis-sa est.
De-o gra-ti-as.

## MESSE ROYALE DE DUMONT.

### KYRIE.

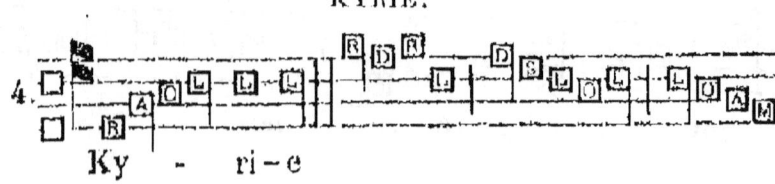

Ky - ri - e

## DE DUMONT.

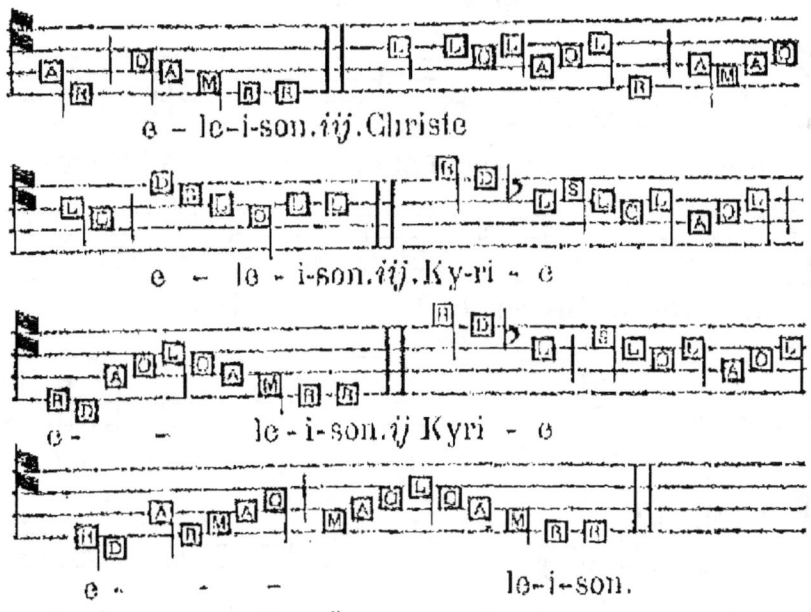

GLORIA.

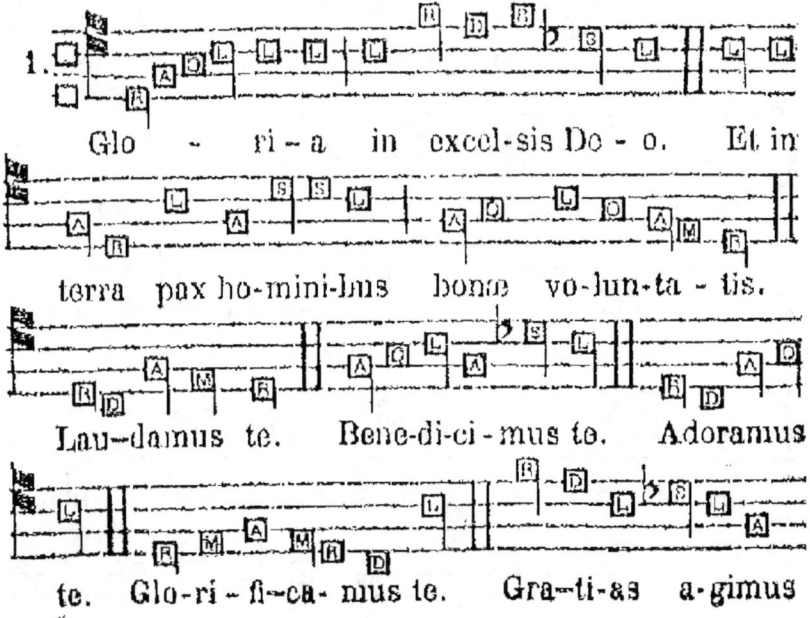

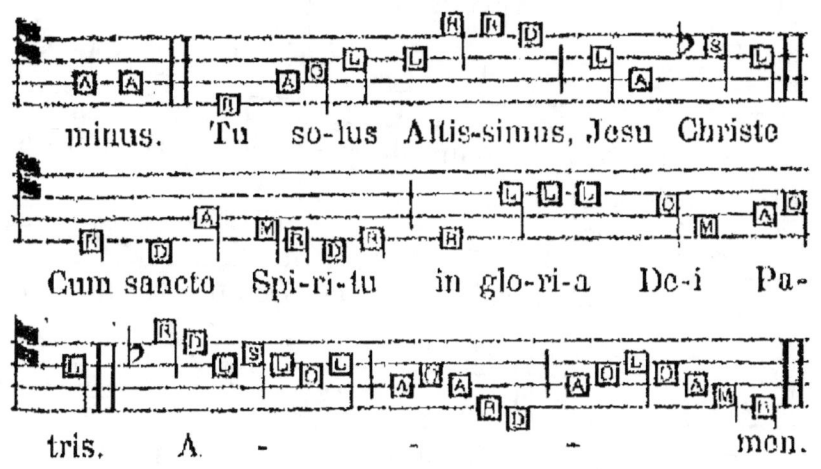
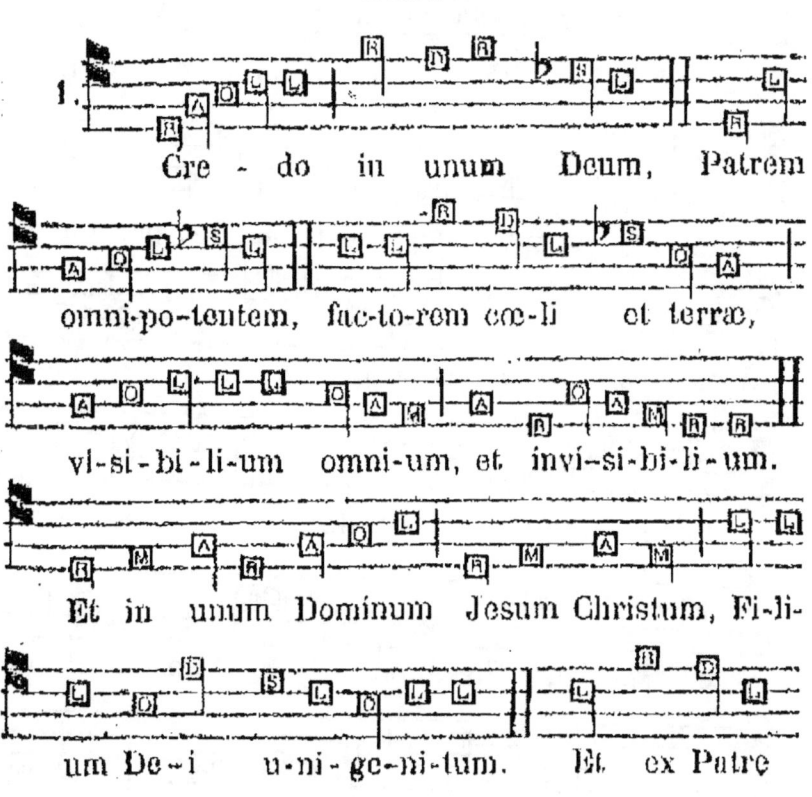

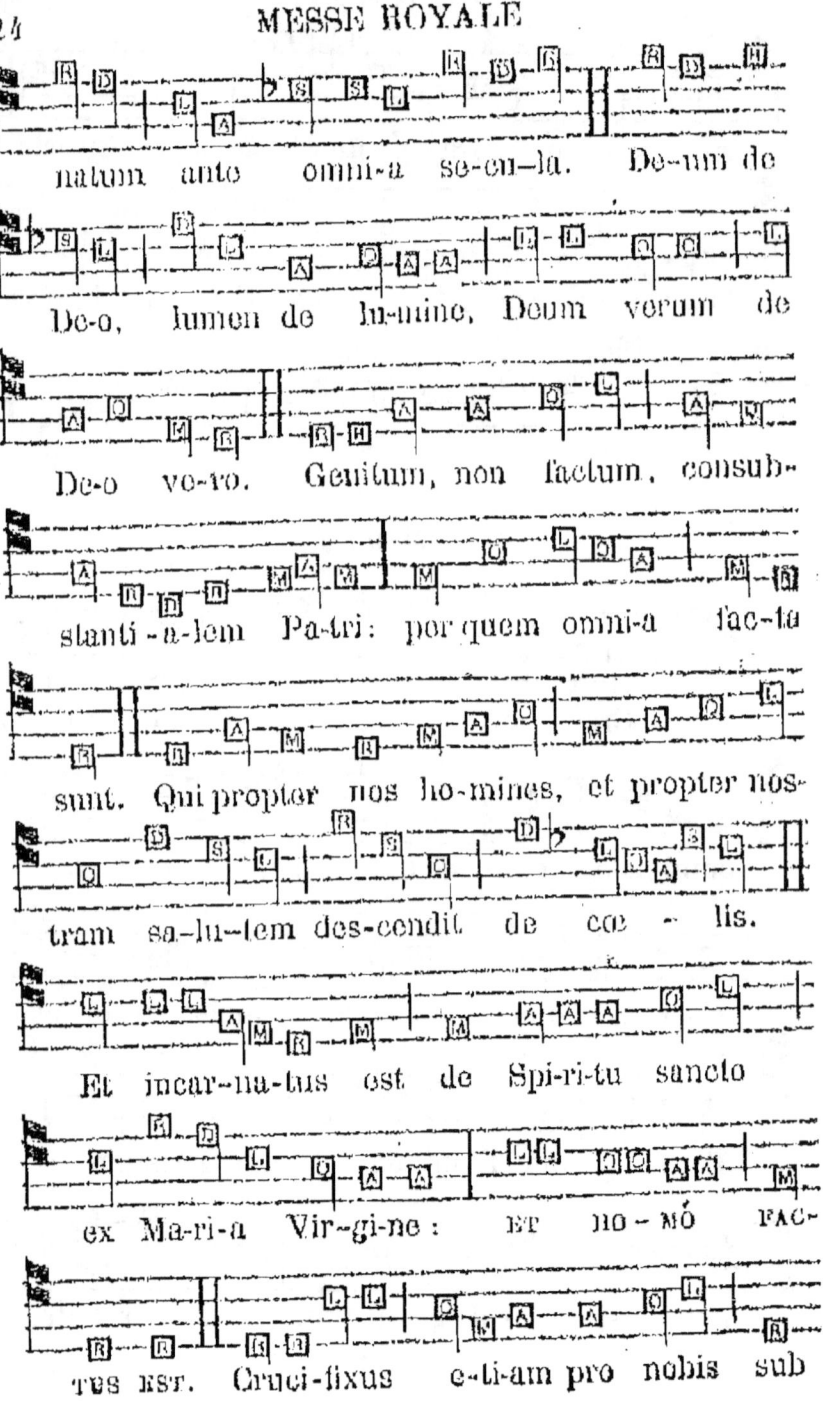

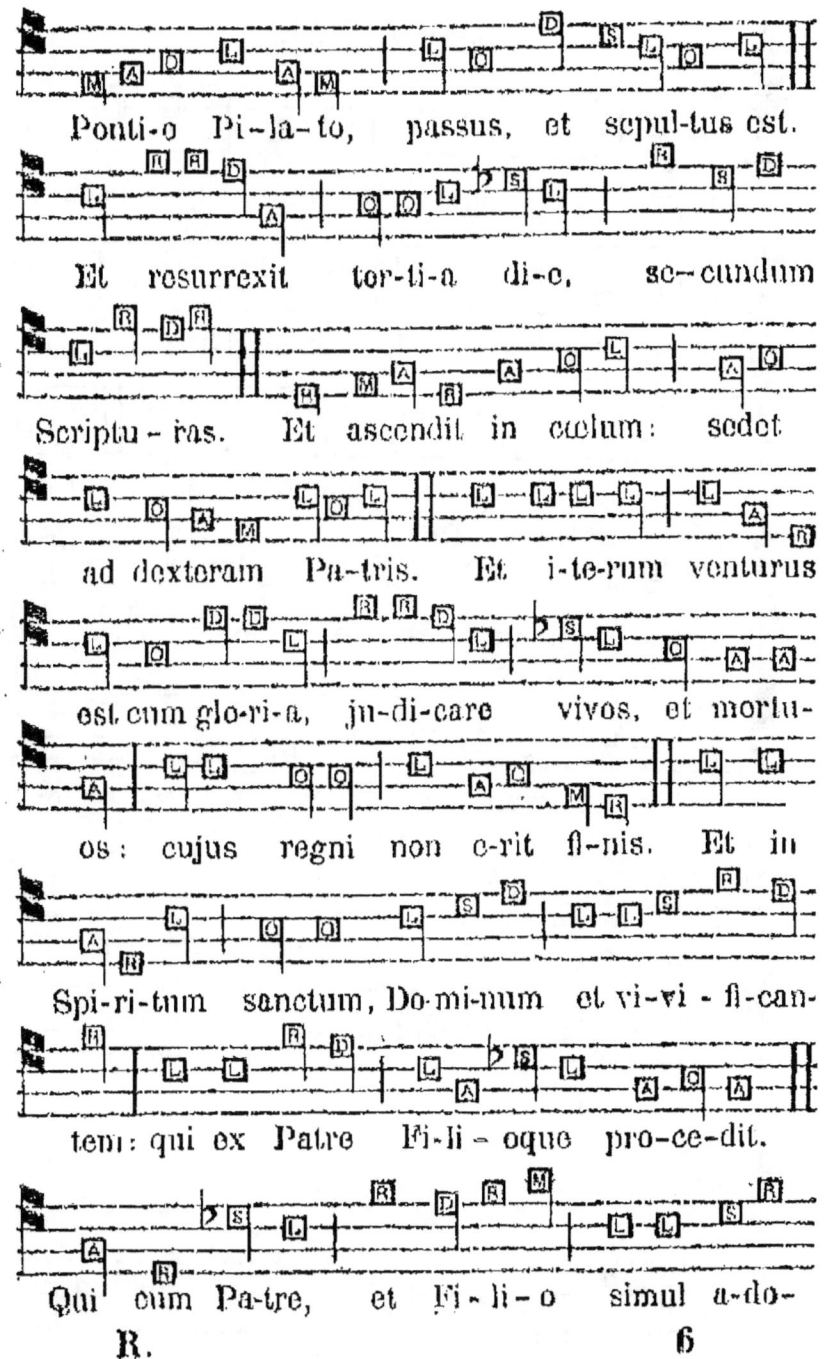

MESSE ROYALE

ra-tur, et conglo-ri-fi-ca-tur: qui lo-cu-tus

est per Prophe-tas. Et unam Sanctam, Catho-

licam, et A-pos-to-licam Eccle-si-am Confi-

te-or unum bap-tis-ma in remissi-o-nem

pecca-to-rum. Et expec-to resurrecti-o-

nem mortu-o-rum, Et vi-tam ventu-ri secu-

li. A- - men.

SANCTUS.

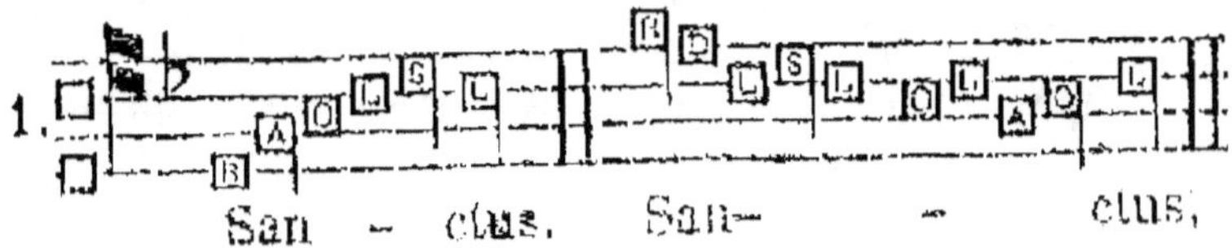

1. San - ctus. San- - ctus,

## DE DUMONT.

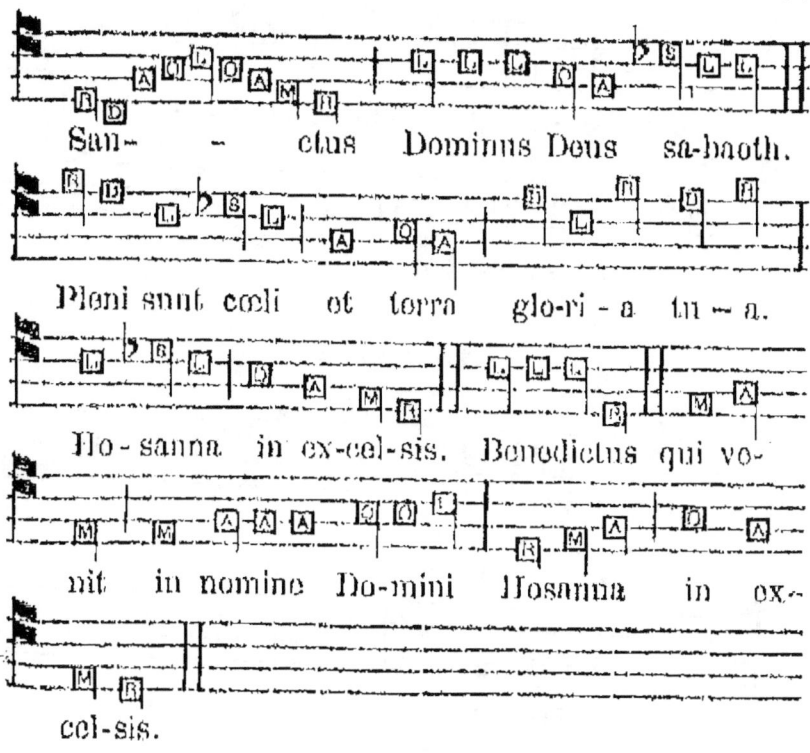

## AGNUS DEI.

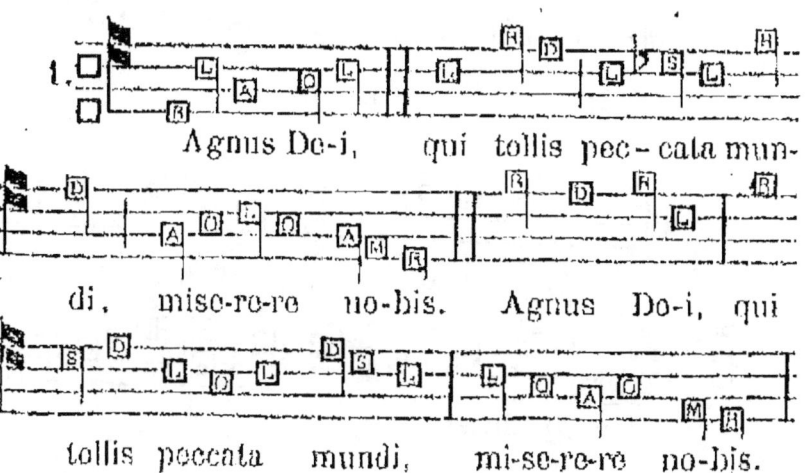

## MESSE DU VIᵉ MODE

Agnus De-i, qui tollis pec-cata mundi, dona nobis pacem.

### ITE MISSA EST.

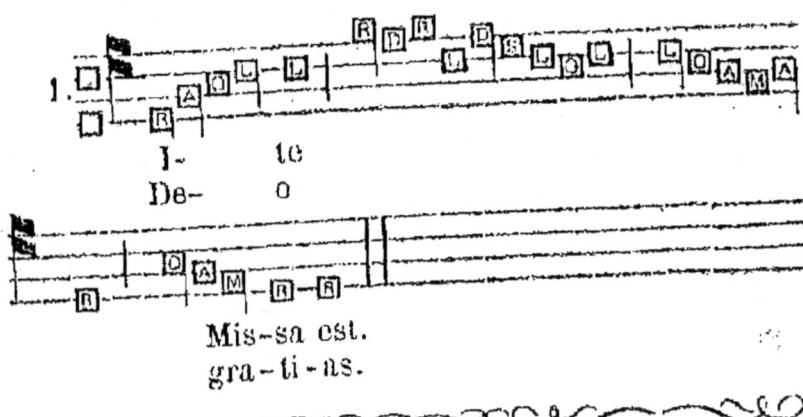

1. I- te Missa est.
   De- o gra-ti-as.

---

## MESSE DU VIᵉ MODE, PAR DUMONT

### KYRIE.

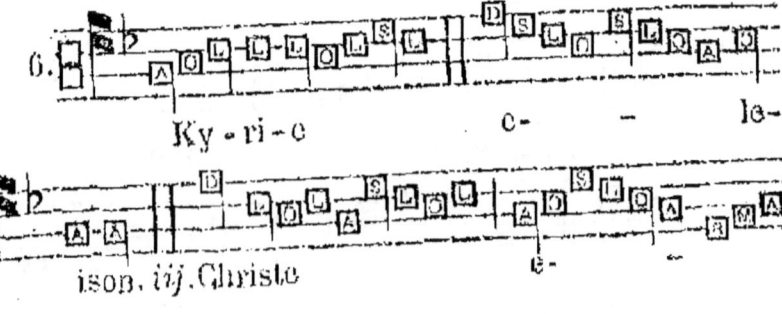

6. Ky-ri-e e- le-
   ison. *ij.* Christe e-

PAR DUMONT.

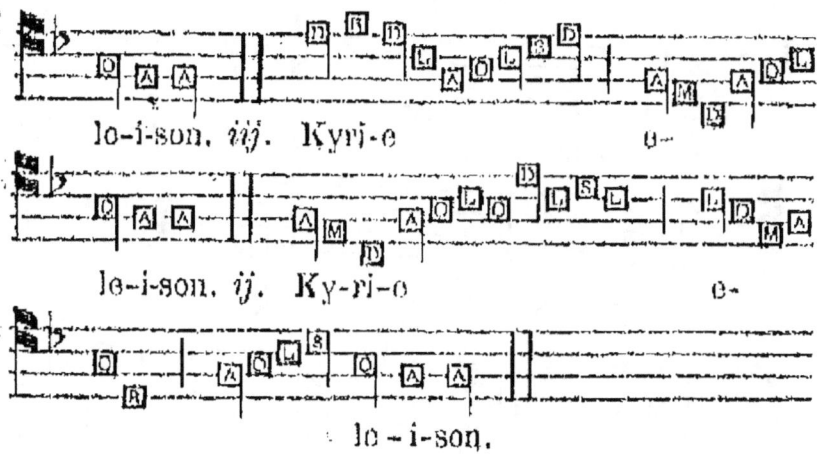

GLORIA.

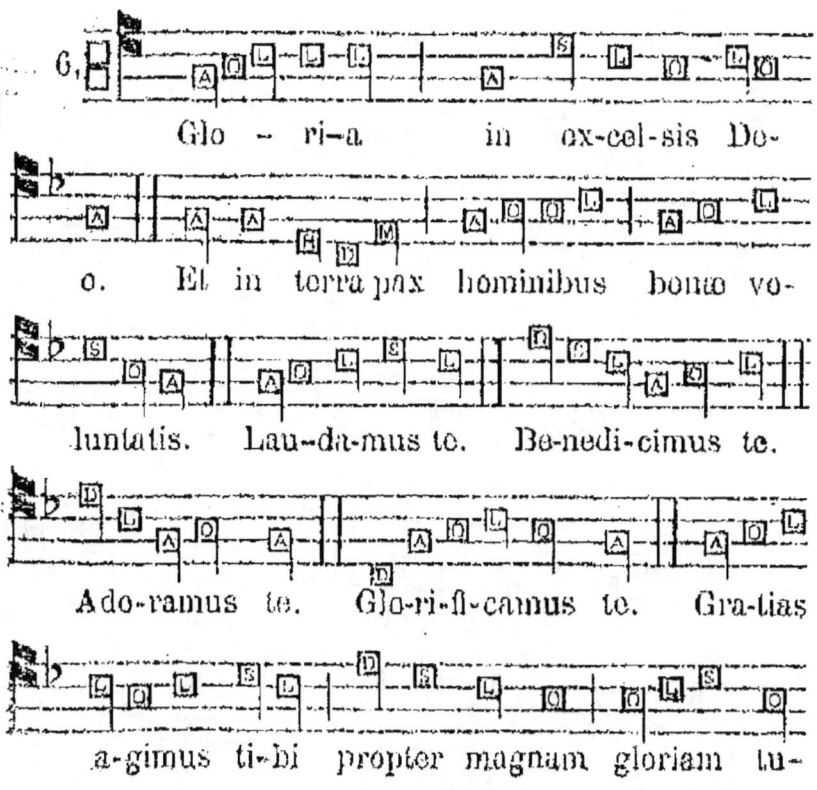

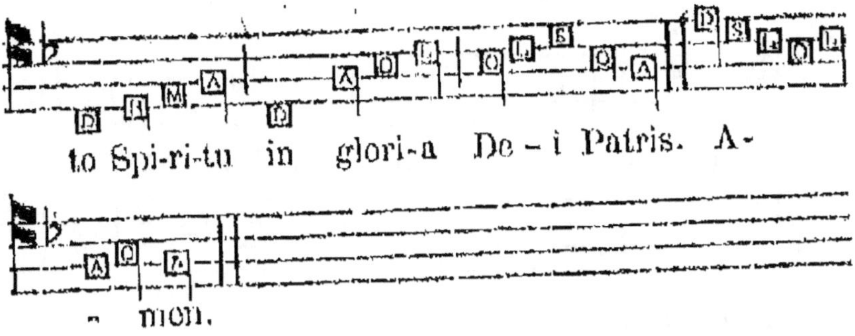

PAR DUMONT. 31

to Spi-ri-tu in glori-a De-i Patris. A-

- men.

CREDO.

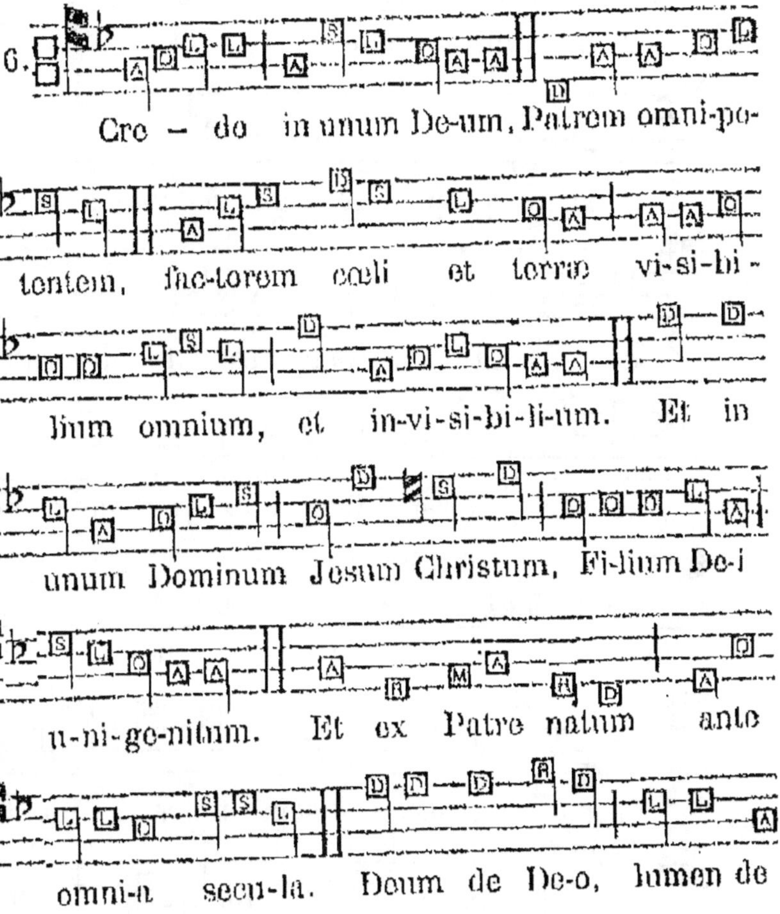

6. Cre — do in unum De-um, Patrem omni-po-

tentem, fac-torem cœli et terræ vi-si-bi-

lium omnium, et in-vi-si-bi-li-um. Et in

unum Dominum Jesum Christum, Fi-lium De-i

u-ni-ge-nitum. Et ex Patre natum ante

omni-a secu-la. Deum de De-o, lumen de

## MESSE DU VIᵉ MODE

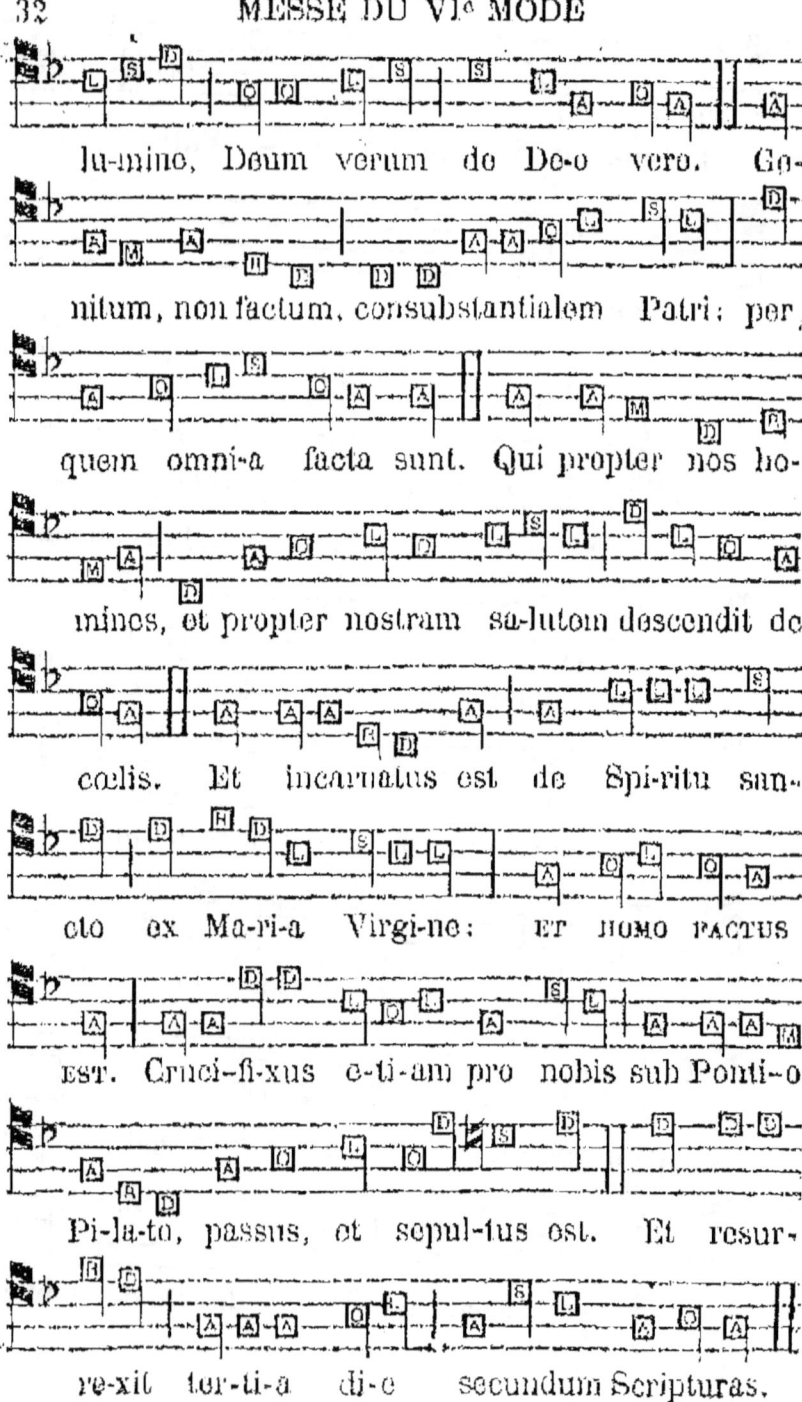

lu-mi-ne, Deum verum de De-o vero. Ge-nitum, non factum, consubstantialem Patri: per quem omni-a facta sunt. Qui propter nos ho-mines, et propter nostram sa-lutem descendit de cœlis. Et incarnatus est de Spi-ritu san-cto ex Ma-ri-a Virgi-ne: ET HOMO FACTUS EST. Cruci-fi-xus e-ti-am pro nobis sub Ponti-o Pi-la-to, passus, et sepul-tus est. Et resur-re-xit ter-ti-a di-e secundum Scripturas.

## MESSE DU VI$^e$ MODE

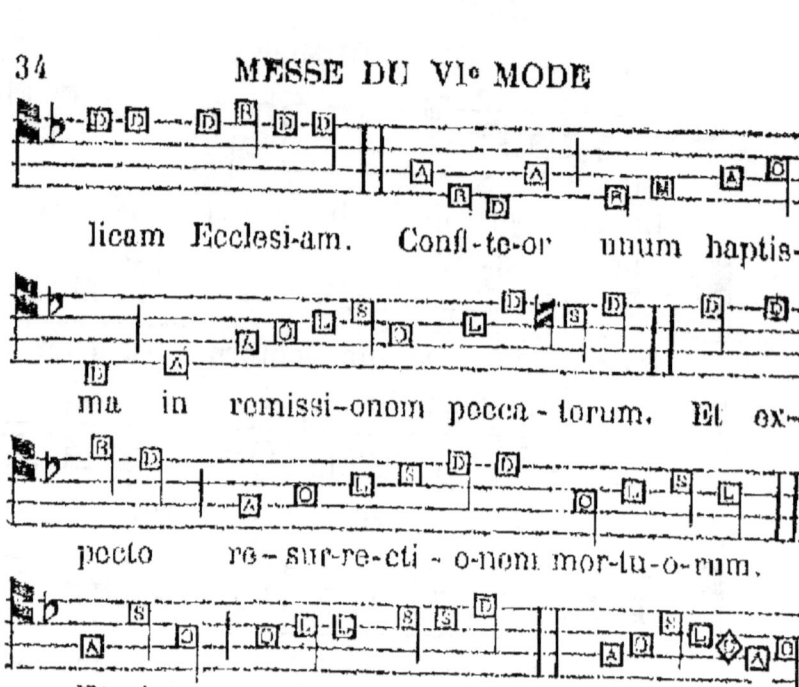

licam Ecclesi-am. Confi-te-or unum baptis-ma in remissi-onem pecca-torum. Et ex-pecto re-sur-re-cti-o-nem mor-tu-o-rum. Et vi-tam ventu-ri sæ-cu-li. A- - men.

### SANCTUS.

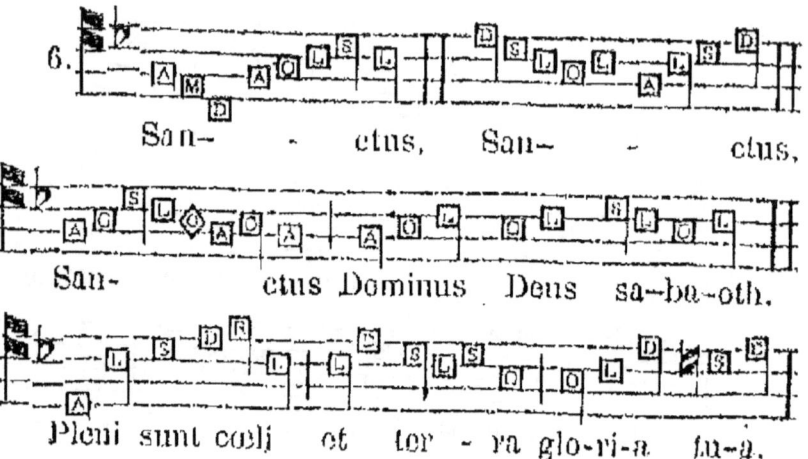

6. San- - ctus, San- - ctus, San- - ctus Dominus Deus sa-ba-oth. Pleni sunt cœli et ter - ra glo-ri-a tu-a.

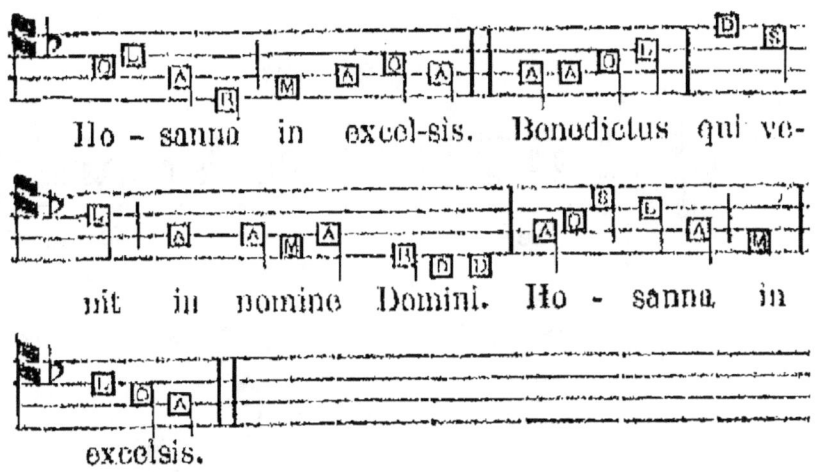

## AGNUS DEI.

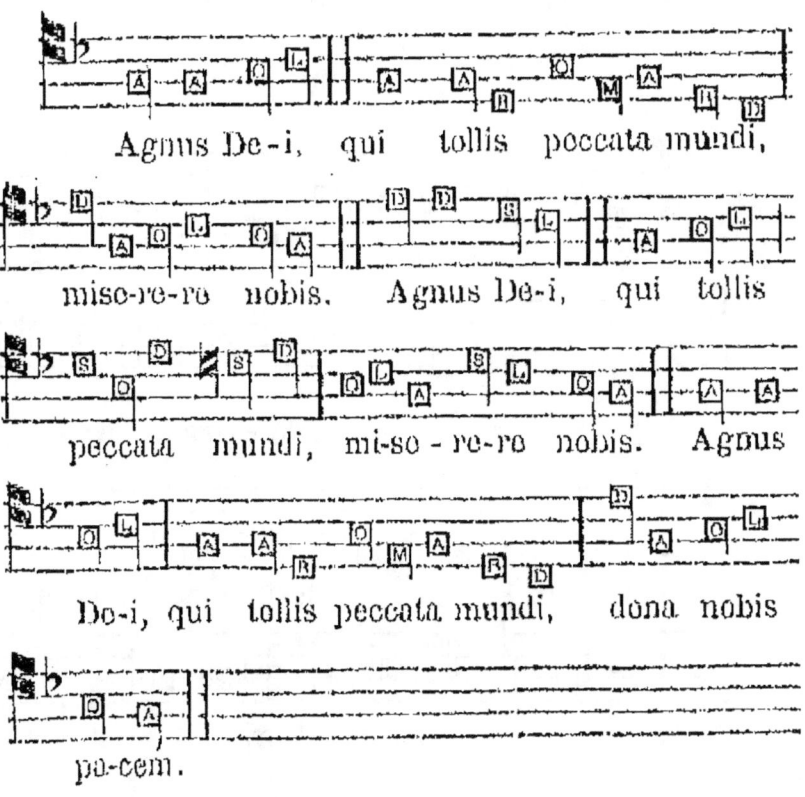

## MESSE DES FÊTES

### ITE MISSA EST.

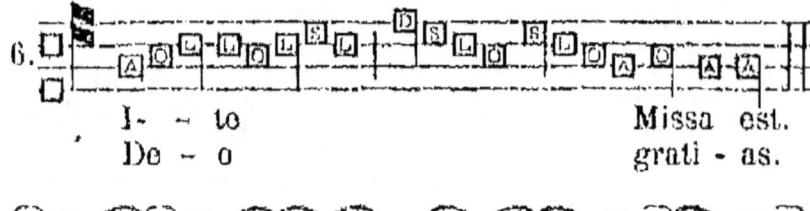

## MESSE
## POUR LES FÊTES DE LA B. H. VIERGE MARIE
#### POUR LA FÊTE DU SAINT-SACREMENT ET SON OCTAVE

### KYRIE

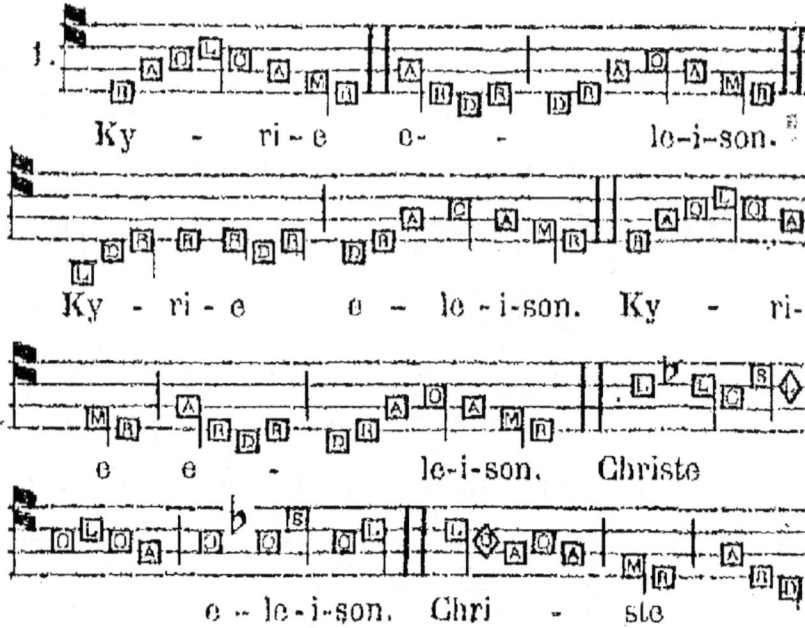

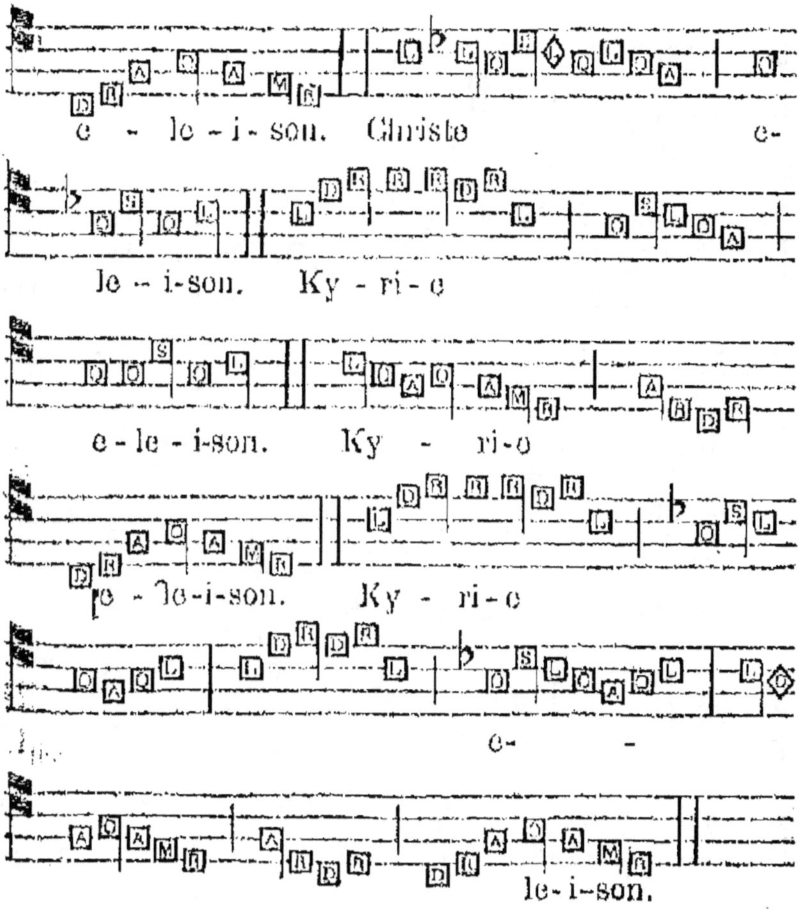

## DE LA VIERGE.

e - le - i - son. Christe e-

le - i - son. Ky - ri - e

e - le - i - son. Ky - ri - e

e - le - i - son. Ky - ri - e

e -

le - i - son.

### GLORIA.

7. Glo - ri - a in ex - cel - sis De - o.

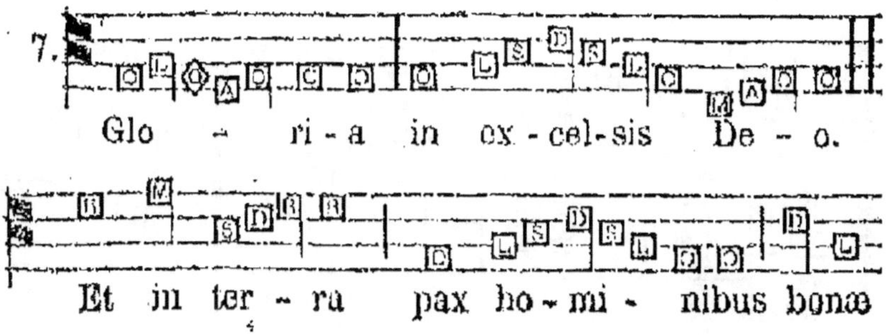

Et in ter - ra pax ho - mi - nibus bonæ

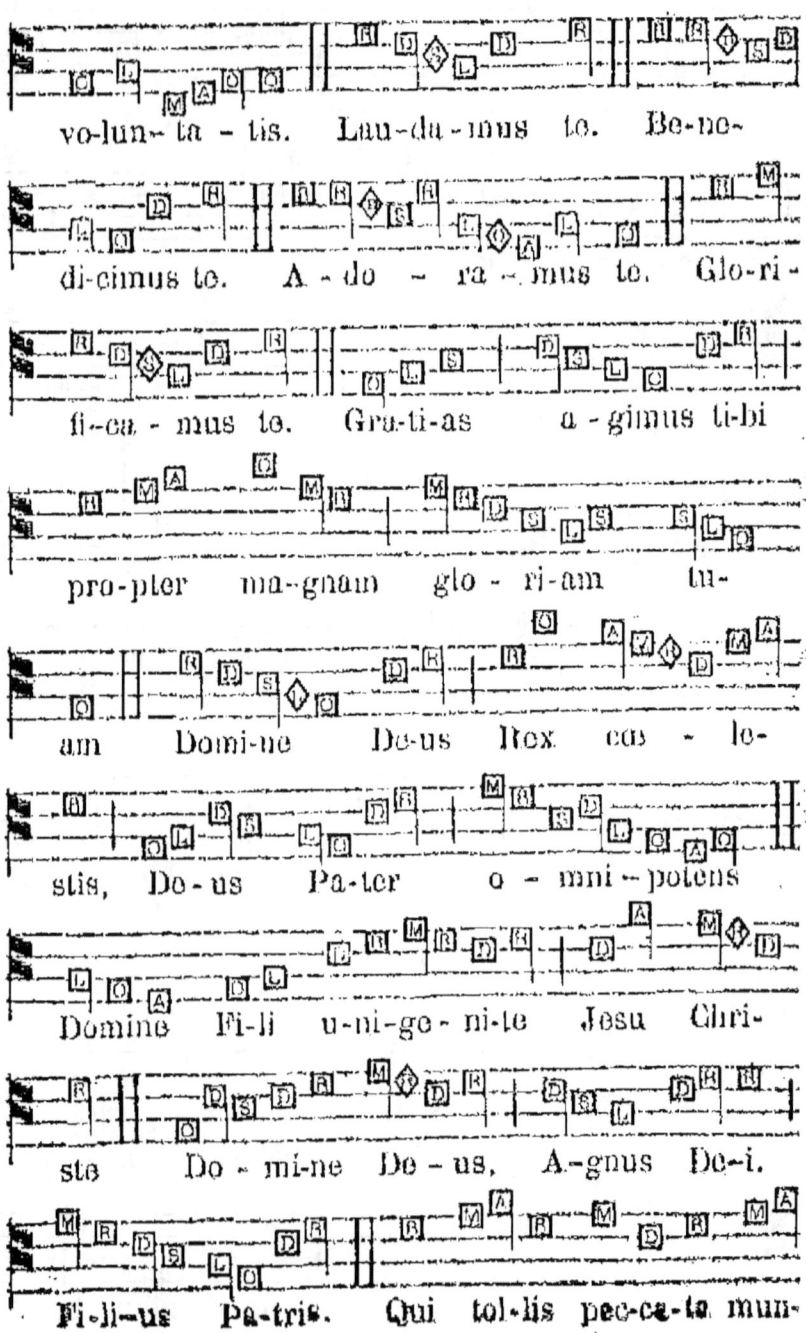

# DE LA VIERGE. 39

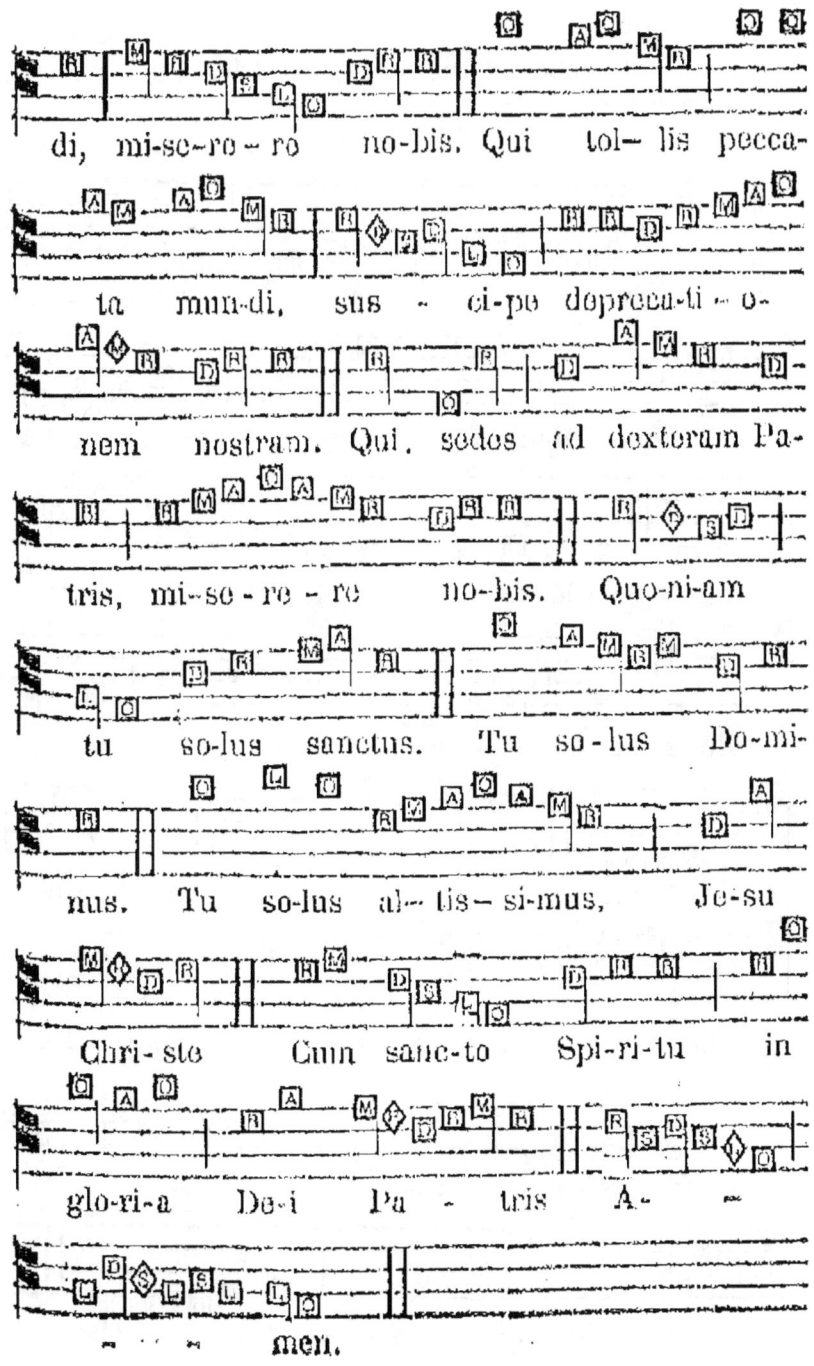

# MESSE DES FÊTES

### CREDO DES DOUBLES, PAGE 80.

## SANCTUS.

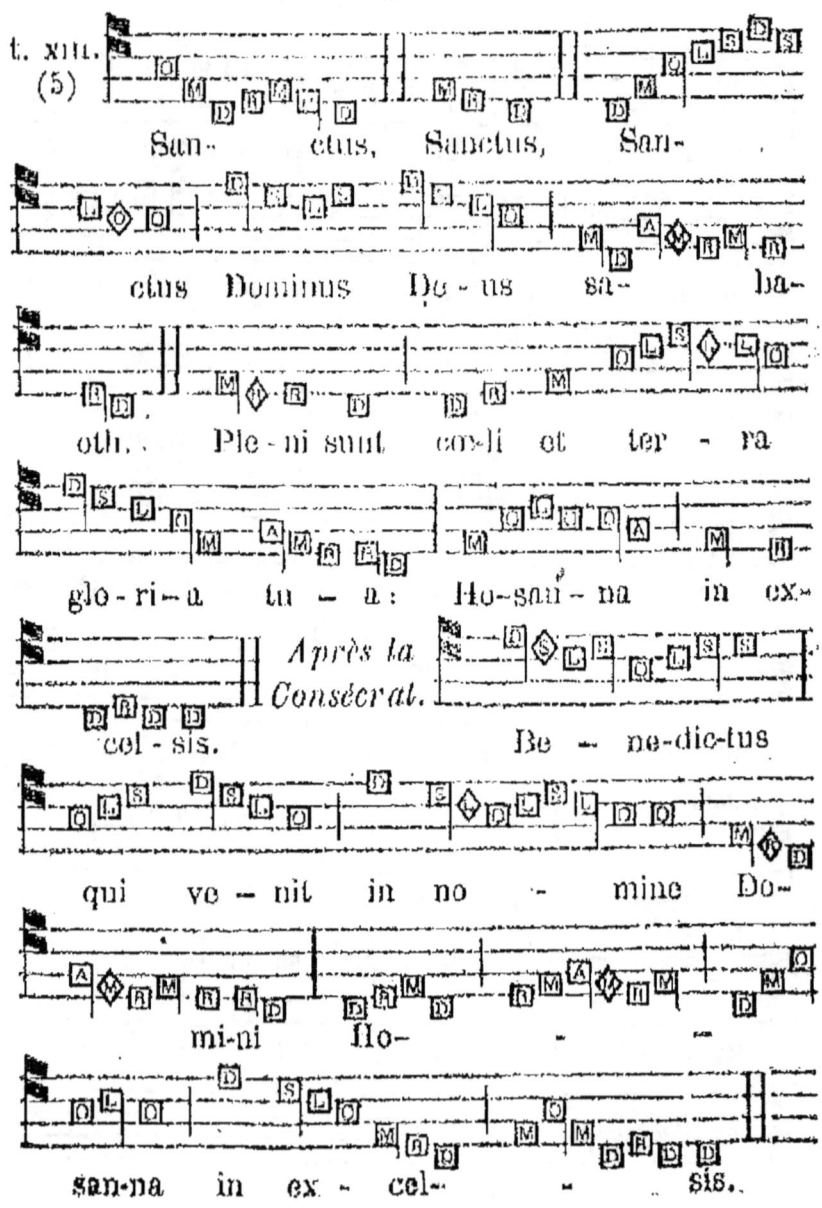

## DE LA VIERGE.

### AGNUS DEI.

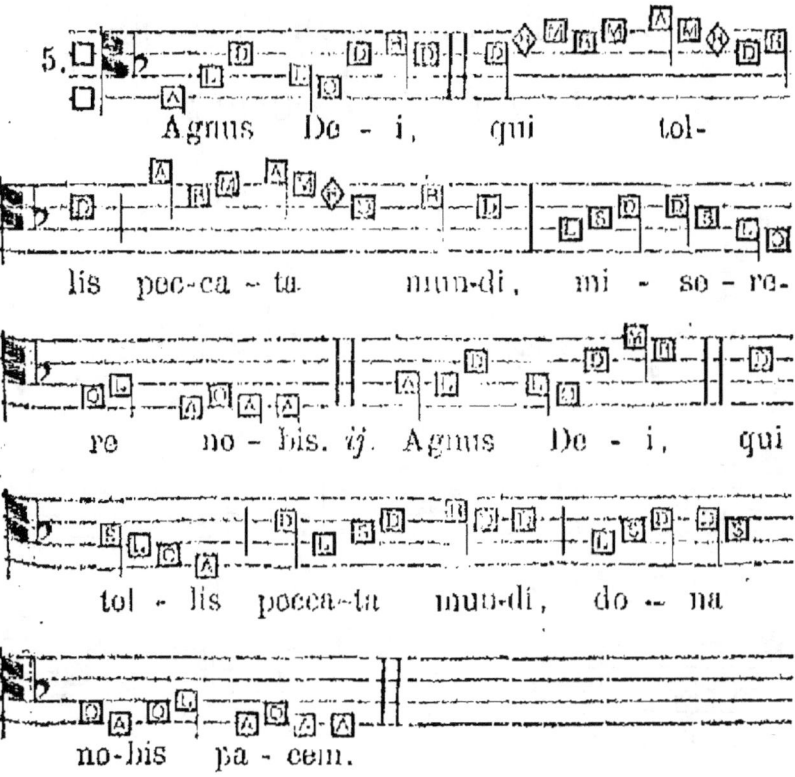

### ITE MISSA EST.

## MESSE POUR LES DIMANCHES DE L'AVENT ET DU CARÊME.

### KYRIE.

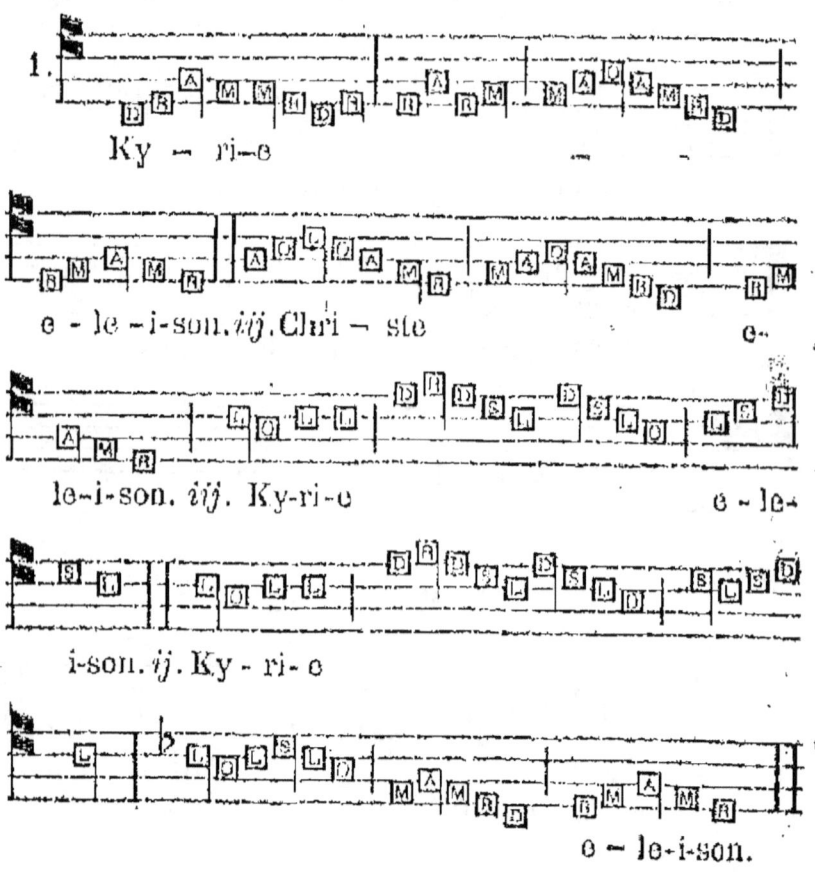

CREDO DES DIMANCHES, PAGE 41.

## SANCTUS.

## MESSE DE L'AVENT

### AGNUS DEI.

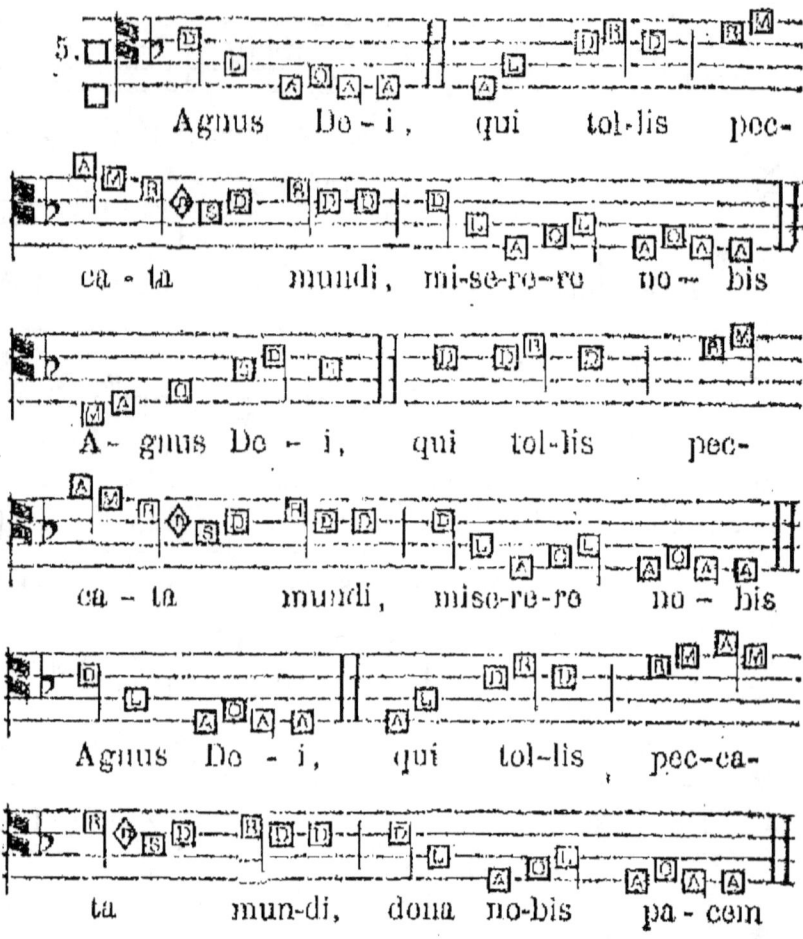

### BENEDICAMUS.

## ET DU CARÊME.

### KYRIE DES SEMI-DOUBLES ET DES OCTAVES
### QUI NE SONT PAS DE LA SAINTE VIERGE.

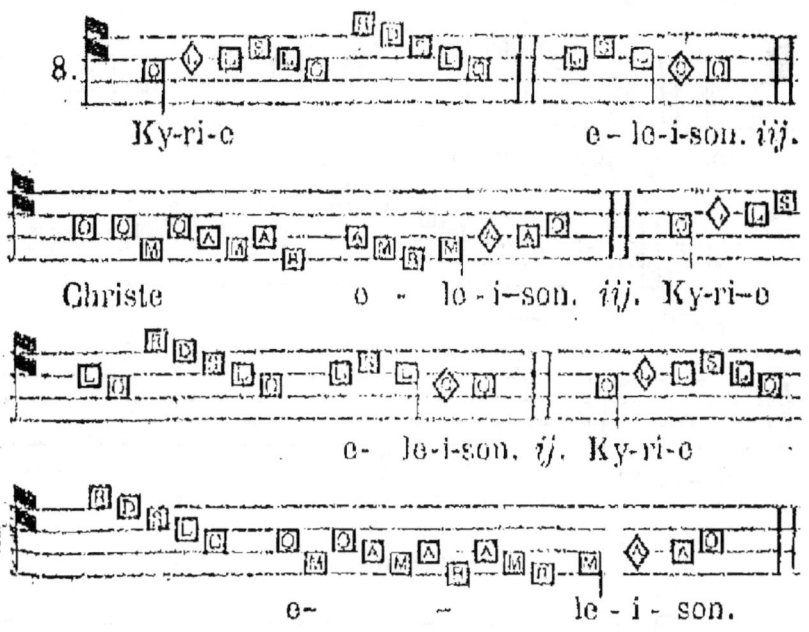

### GLORIA, SANCTUS ET AGNUS DES DIMANCHES,
pages 37, 49 et 56.

## MESSE DES DIMANCHES ET FÊTES
## DU TEMPS PASCAL.

### KYRIE.

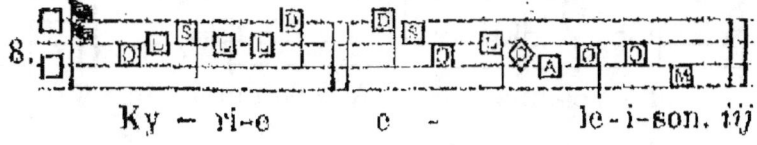

46 MESSE

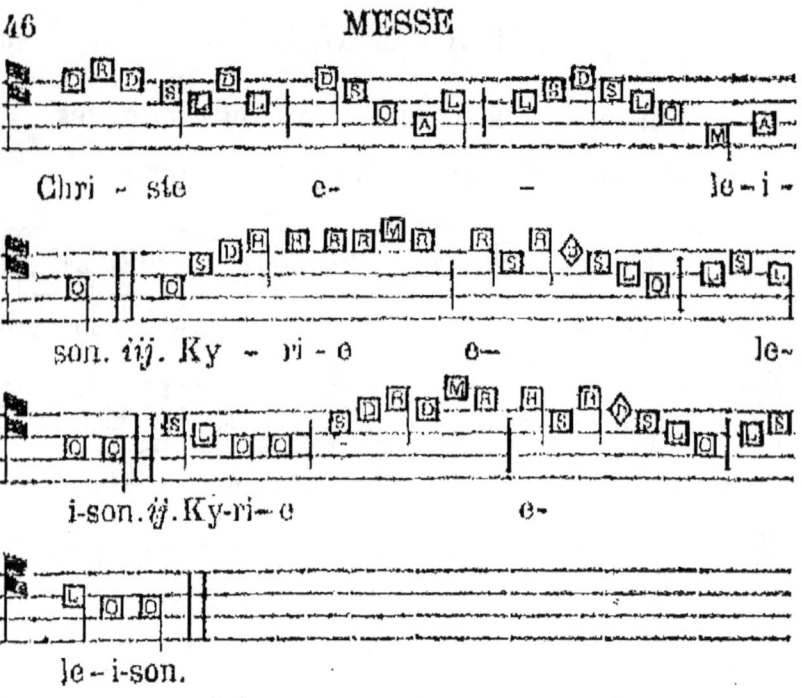

GLORIA.

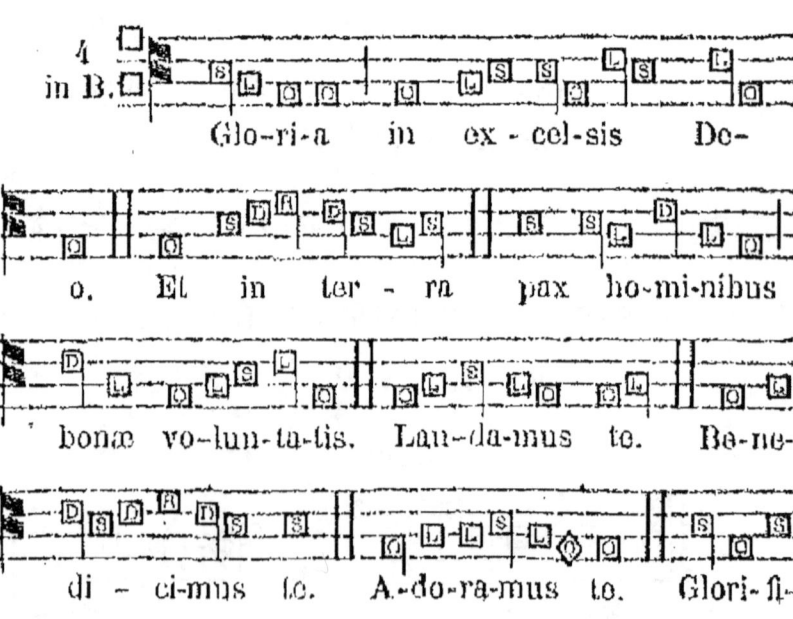

## DU TEMPS PASCAL. 47

48  MESSE

stram. Qui se-des ad de - xteram Patris,

mi-se — re - re nobis, Quo - ni - am tu so-

lus Sanctus. Tu so - lus Do-mi-nus,

Tu so-lus Al-tissimus, Je - su Christo.

Cum san-cto Spi-ri-tu in glo - ri- a

De - i Pa - tris. A - men.

CREDO, page 41.

SANCTUS.

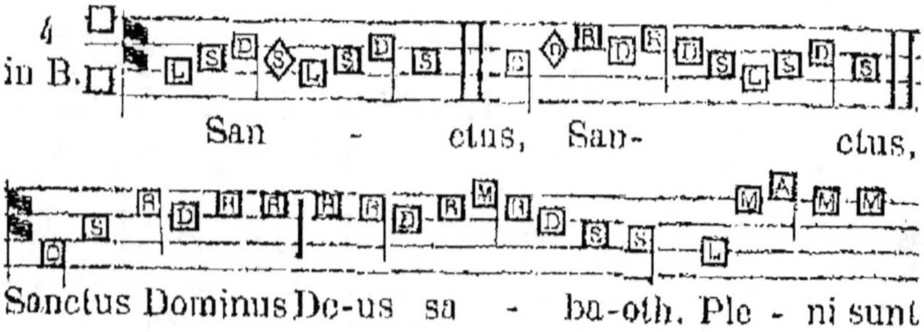

4 in B.
San - ctus, San- ctus,

Sanctus Dominus De-us sa - ba-oth. Ple - ni sunt

## DU TEMPS PASCAL.

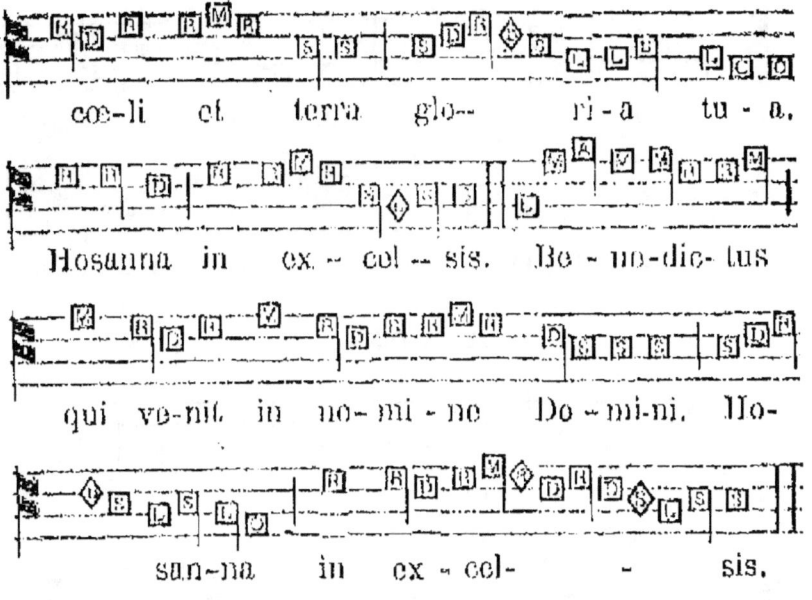

cœ-li et terra glo— ri-a tu-a, Hosanna in ex-cel-sis. Be-ne-dic-tus qui ve-nit in no-mi-ne Do-mi-ni. Ho-san-na in ex-cel-sis.

### AGNUS DEI.

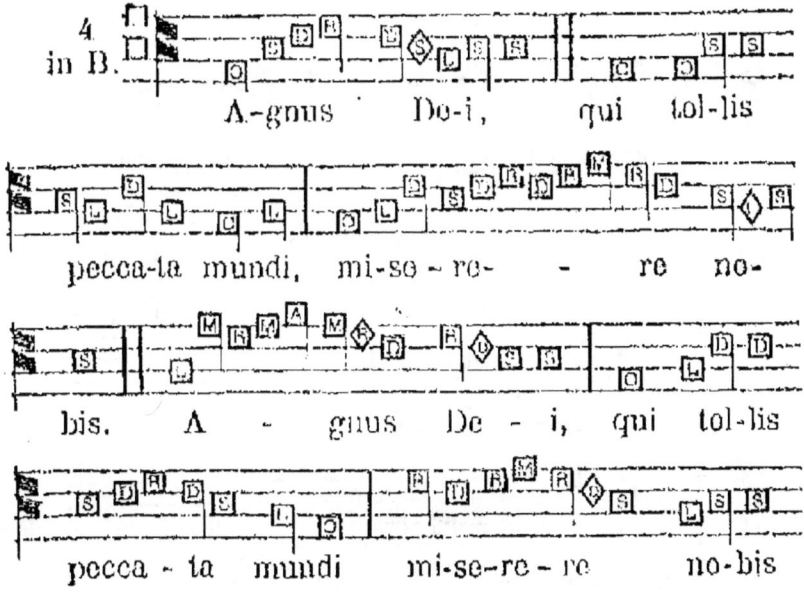

A.-gnus De-i, qui tol-lis pecca-ta mundi, mi-se-re-re no-bis. A-gnus De-i, qui tol-lis pecca-ta mundi mi-se-re-re no-bis

50     MESSE DU II<sup>e</sup> TON

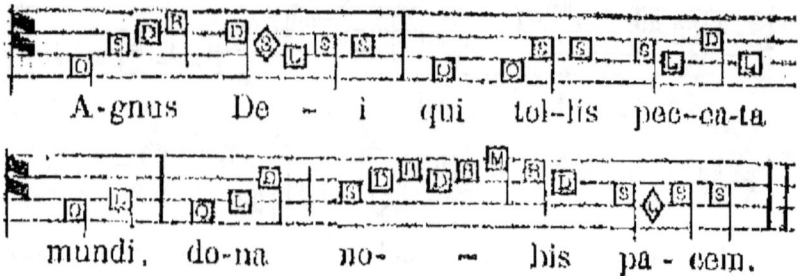

A-gnus De - i qui tol-lis pec-ca-ta mundi, do-na no- - bis pa - cem.

### ITE MISSA EST.

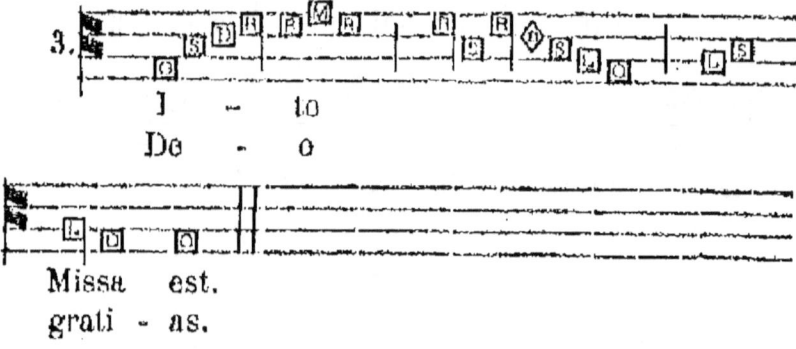

3. I - to Missa est.
De - o grati - as.

---

## MESSE DU II<sup>e</sup> TON PAR DUMONT.

### KYRIE.

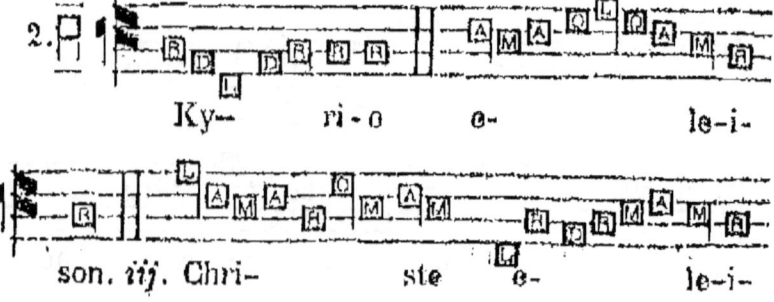

2. Ky- ri-e e- le-i-son. iij. Chri- ste e- le-i-

PAR DUMONT.   51

son. *iij*. Ky- ri-o e-
le-i-son. *iij*.

GLORIA.

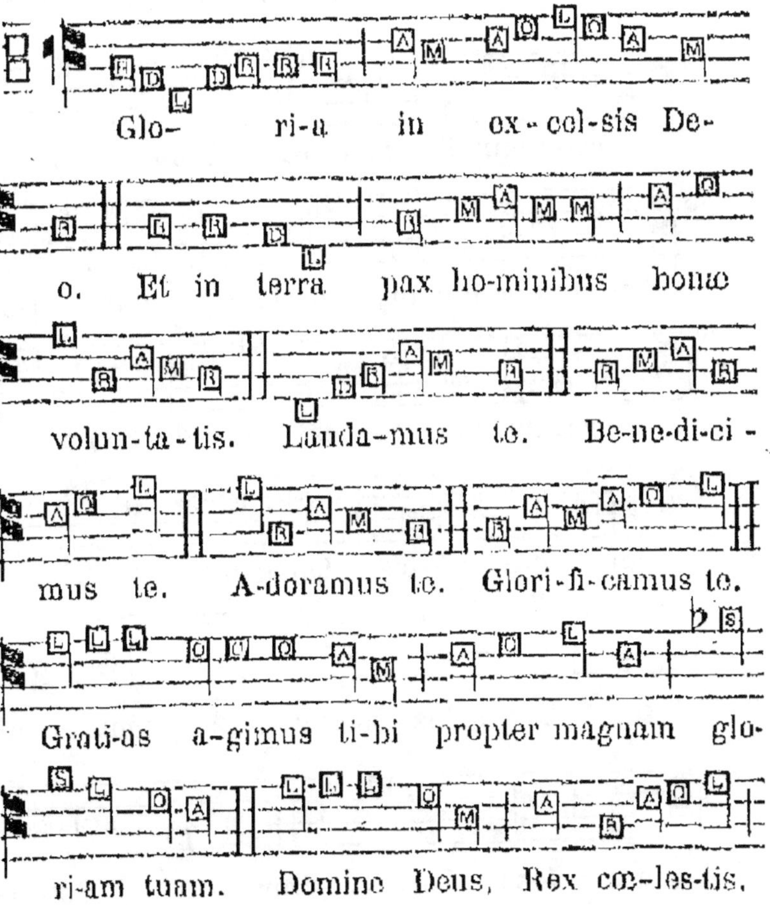

Glo- ri-a in ex-cel-sis De-
o. Et in terra pax ho-mi-nibus bonæ
volun-ta-tis. Lauda-mus te. Bene-di-ci-
mus te. A-doramus te. Glori-fi-camus te.
Grati-as a-gimus ti-bi propter magnam glo-
ri-am tuam. Domine Deus, Rex cœ-les-tis,

## MESSE DU IIe TON

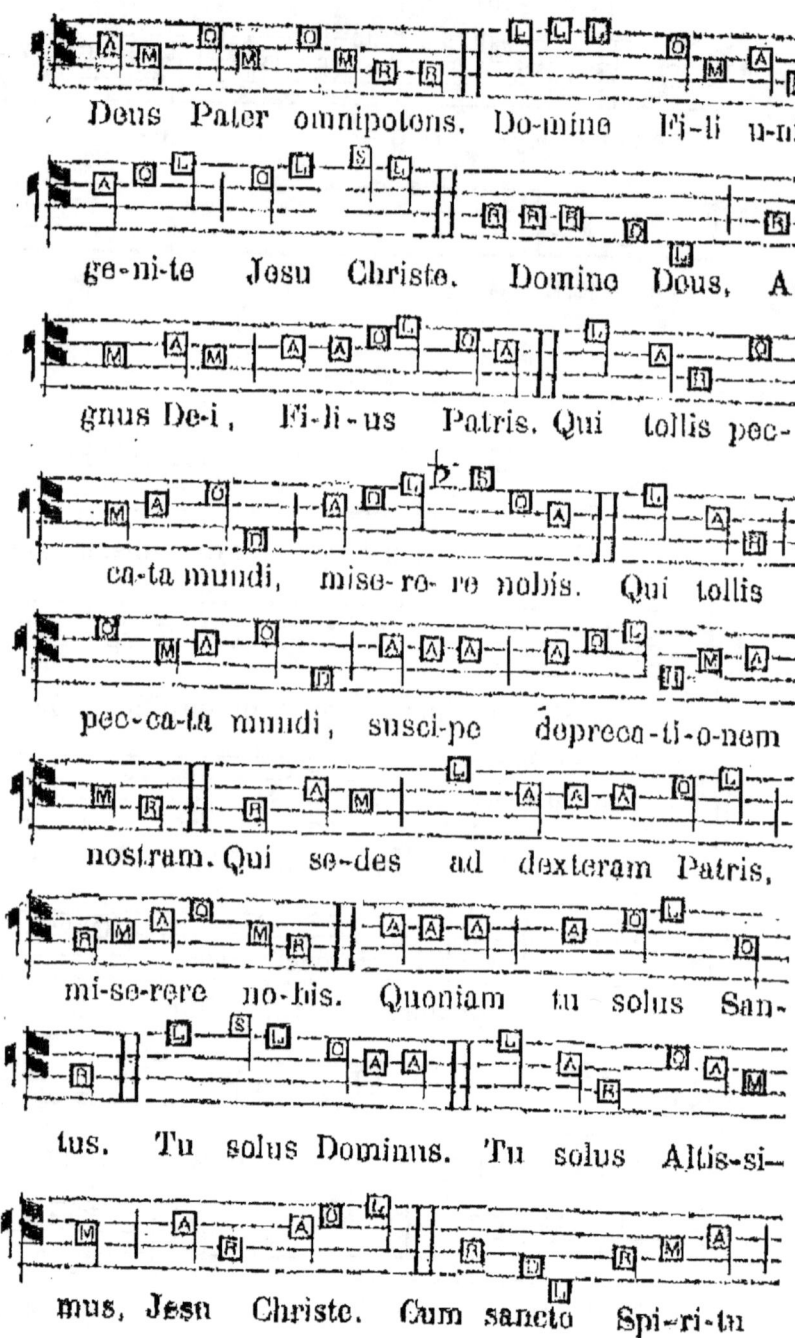

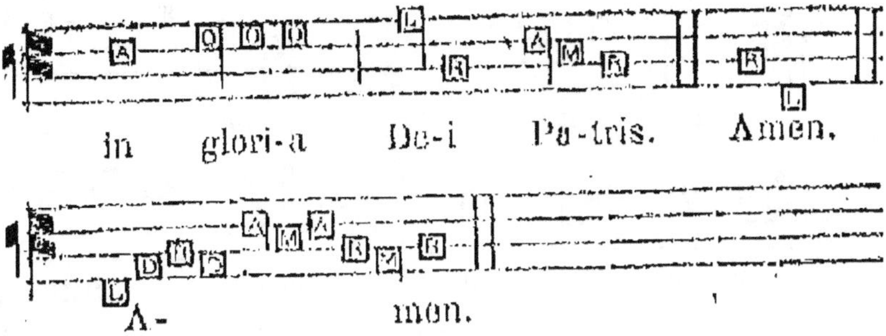

PAR DUMONT. 53

in glori-a De-i Pa-tris. Amen.

A- men.

CREDO.

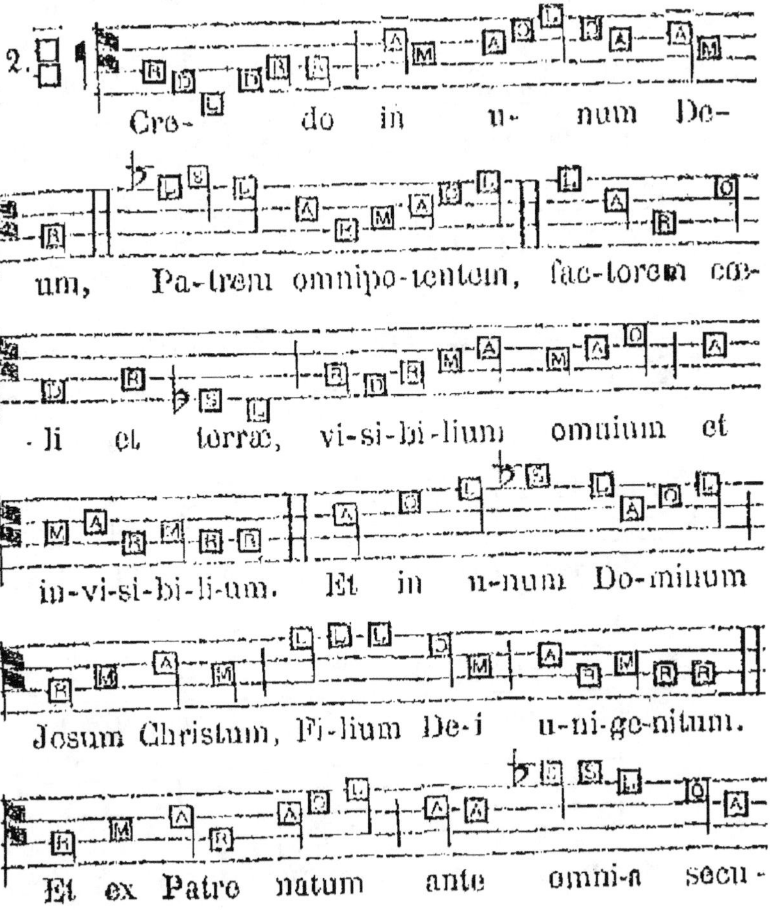

2. Cre- do in u- num De-

um, Pa-trem omnipo-tentem, fac-torem cœ-

-li et terræ, vi-si-bi-lium omnium et

in-vi-si-bi-li-um. Et in u-num Do-minum

Jesum Christum, Fi-lium De-i u-ni-ge-nitum.

Et ex Patre natum ante omni-a secu-

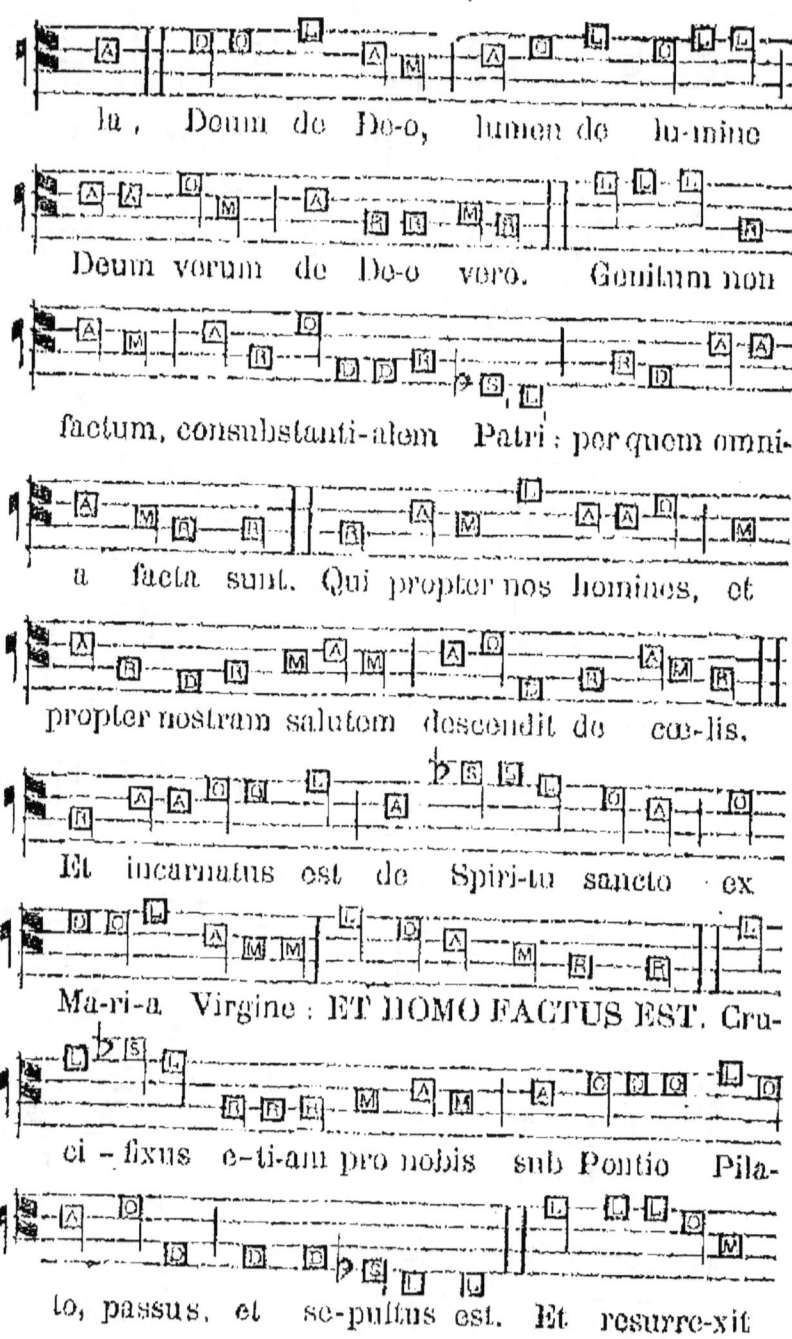

## PAR DUMONT.

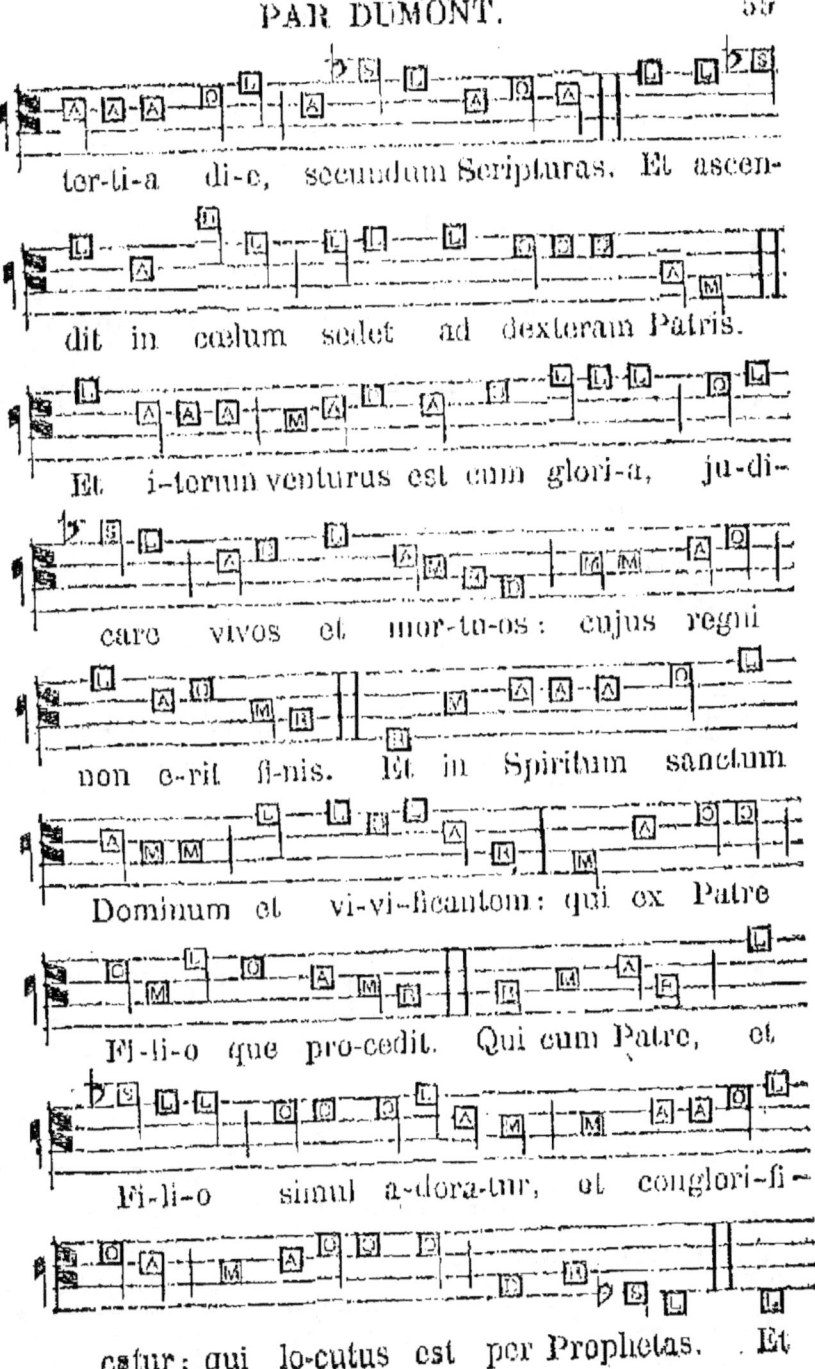

ter-ti-a di-e, secundum Scripturas. Et ascen-
dit in coelum sedet ad dexteram Patris.
Et i-terum venturus est cum glori-a, ju-di-
care vivos et mor-tu-os: cujus regni
non e-rit fi-nis. Et in Spiritum sanctum
Dominum et vi-vi-ficantem: qui ex Patre
Fi-li-o que pro-cedit. Qui cum Patre, et
Fi-li-o simul a-dora-tur, et conglori-fi-
catur; qui lo-cutus est per Prophetas. Et

## MESSE DU II° TON

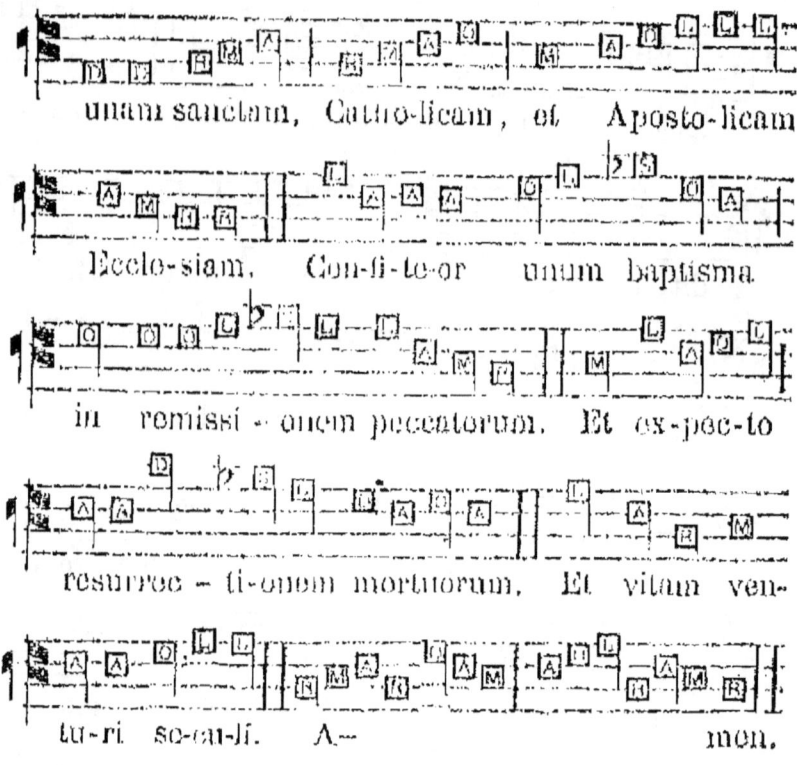

unam sanctam, Catho-licam, et Aposto-licam Eccle-siam. Confi-te-or unum baptisma in remissi-onem peccatorum. Et ex-pec-to resurrec-ti-onem mortuorum. Et vitam ven-turi sæ-cu-li. A— men.

### SANCTUS.

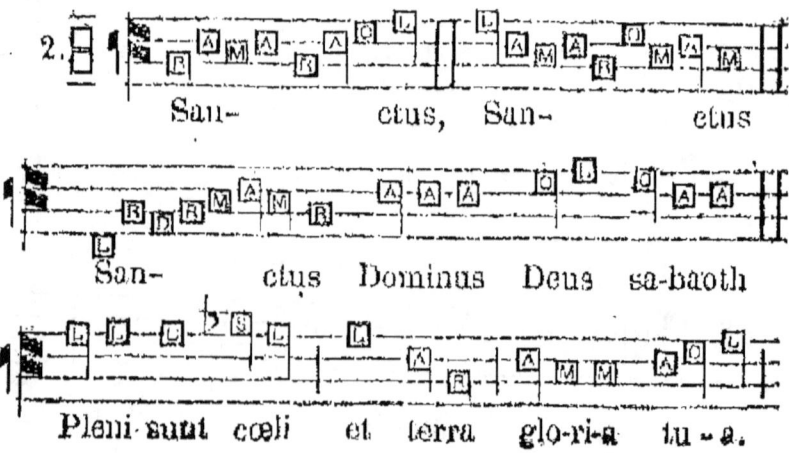

San— ctus, San— ctus San— ctus Dominus Deus sa-baoth Pleni sunt coeli et terra glo-ri-a tu-a.

## PAR DUMONT.

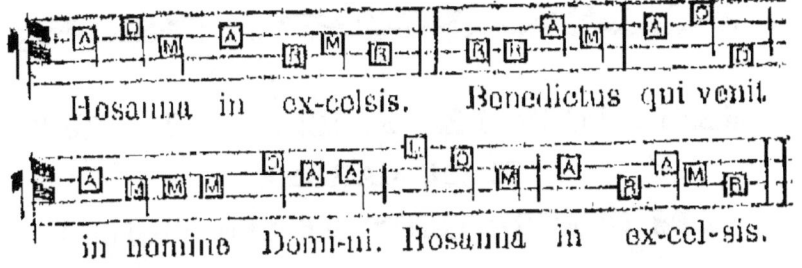

Hosanna in excelsis. Benedictus qui venit in nomine Domini. Hosanna in excelsis.

### AGNUS DEI.

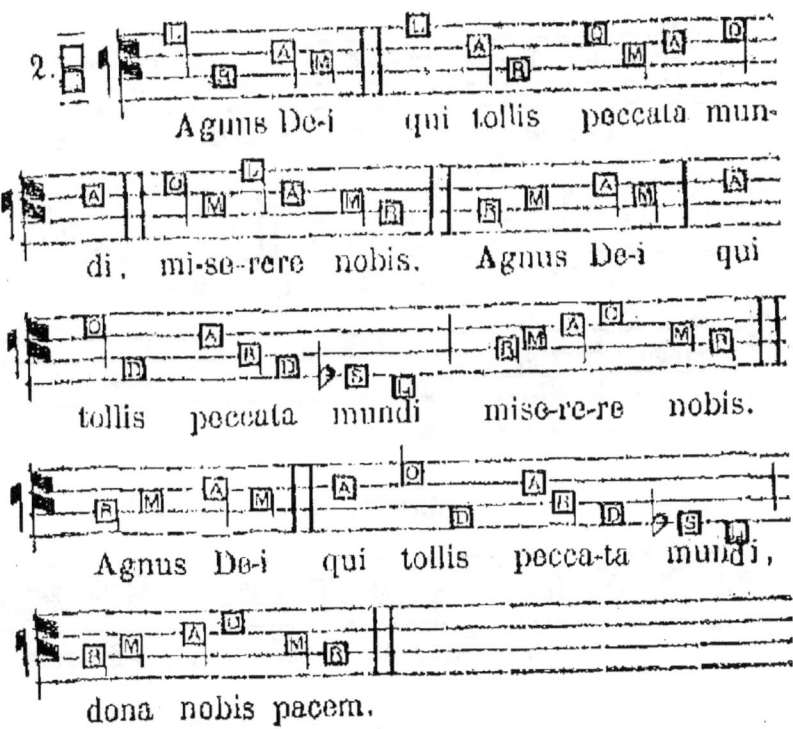

Agnus Dei qui tollis peccata mundi, miserere nobis. Agnus Dei qui tollis peccata mundi miserere nobis. Agnus Dei qui tollis peccata mundi, dona nobis pacem.

### ITE MISSA EST.

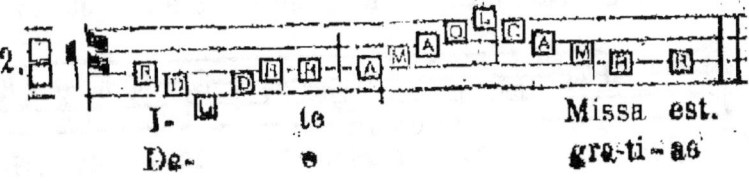

Ite Missa est.
Deo gratias.

## MESSE POUR LES FÉRIES DE L'AVENT ET DU CARÊME, LES QUATRE-TEMPS ET LES VIGILES

### KYRIE

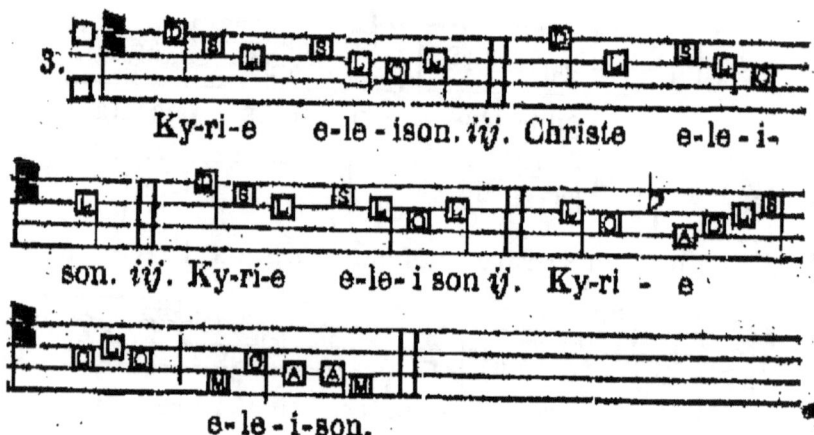

### SANCTUS

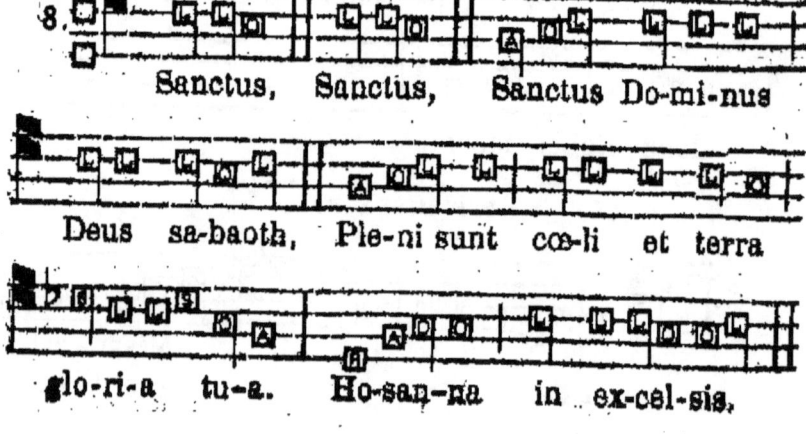

## ET DU CARÊME.

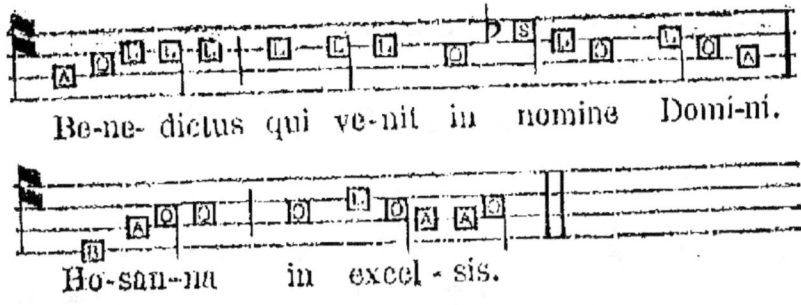

Be-ne- dictus qui ve-nit in nomine Domi-ni.

Ho-san-na in excel - sis.

### AGNUS.

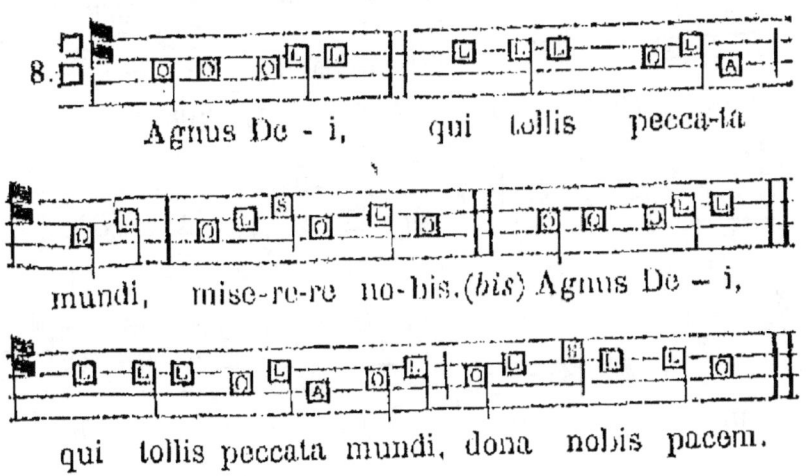

8. Agnus De - i, qui tollis pecca-ta mundi, mise-re-re no-bis.(*bis*) Agnus De - i, qui tollis peccata mundi, dona nobis pacem.

## ANTIENNES A LA SAINTE VIERGE

### ALMA

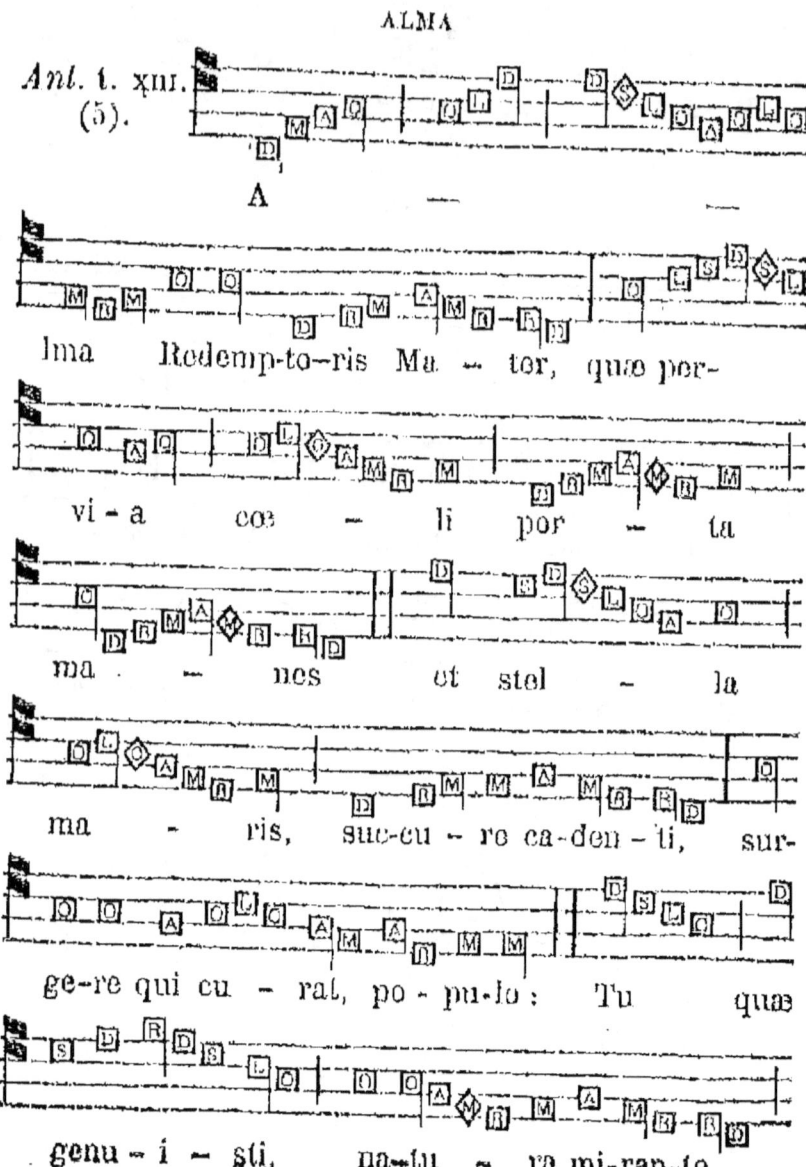

## A LA SAINTE VIERGE.

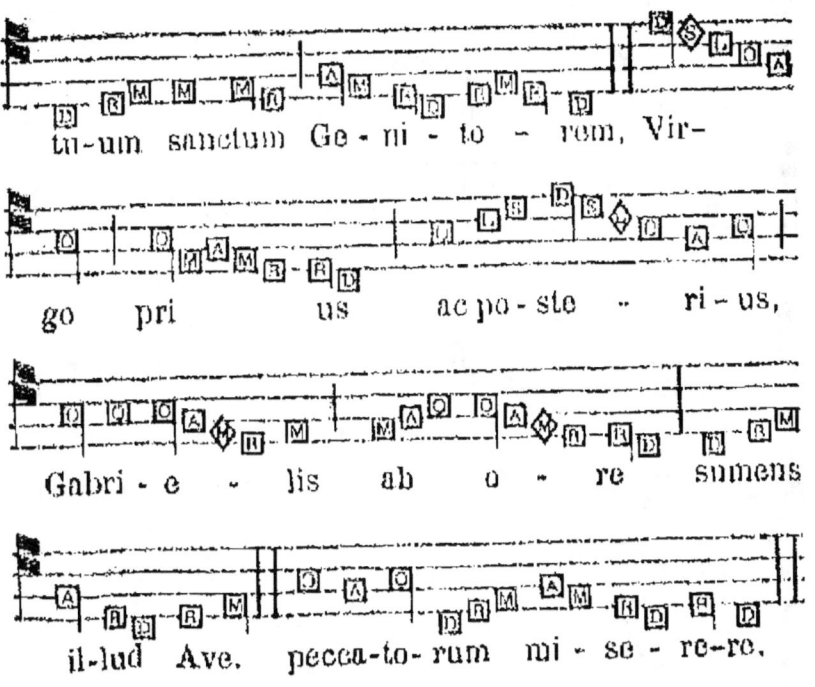

tu-um sanctum Ge - ni - to - rem, Vir-
go prius ac po-ste - ri-us,
Gabri - e - lis ab o - re sumens
il-lud Ave, pecca-to-rum mi - se - re-re.

### AVE REGINA

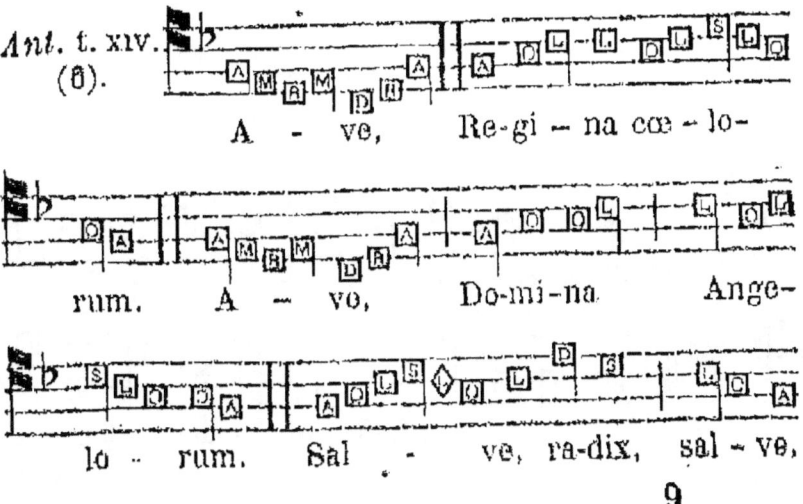

Ant. t. xiv. (6).
A - ve, Re-gi - na cœ-lo-
rum. A - ve, Do-mi-na Ange-
lo - rum. Sal - ve, ra-dix, sal - ve,

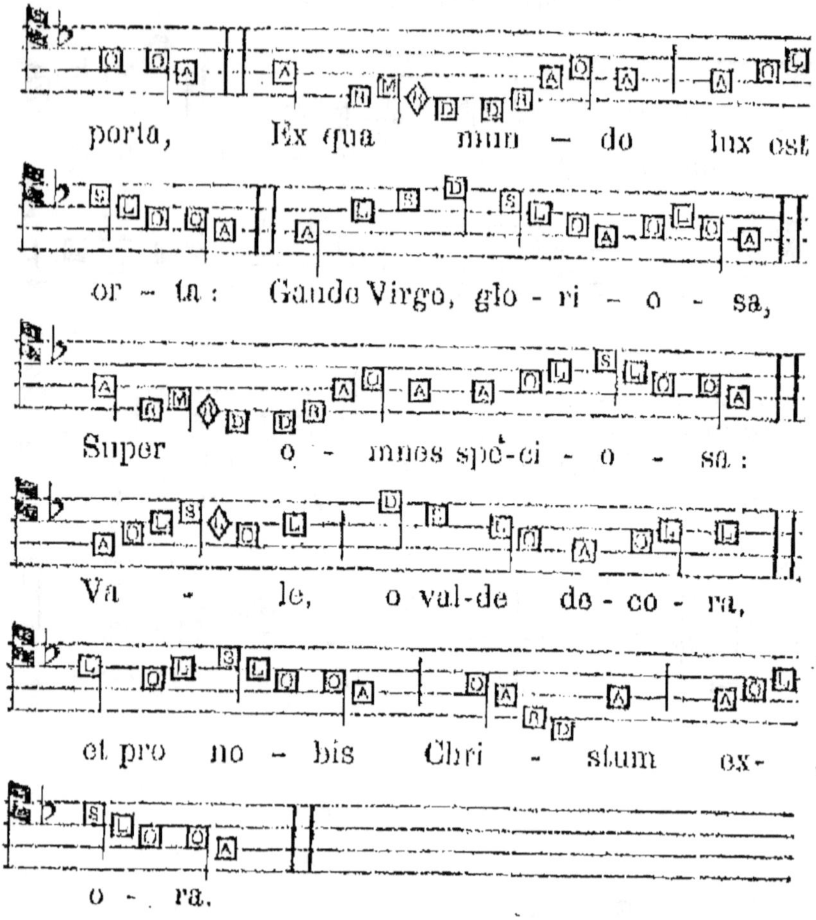

ANTIENNES

porta, Ex qua mun — do lux est

or — ta: Gaude Virgo, glo - ri - o - sa,

Super o - mnes spé-ci - o - sa:

Va - le, o val-de de-co-ra,

et pro no - bis Chri - stum ex-

o - ra.

REGINA CŒLI

*Au temps Pascal*

(6). Re-gi-na cœ - li, læ-ta-

— re, al-le - lu - ia: Qui - a

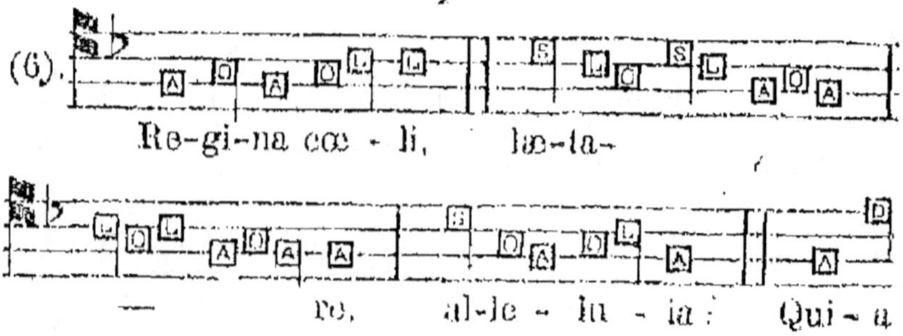

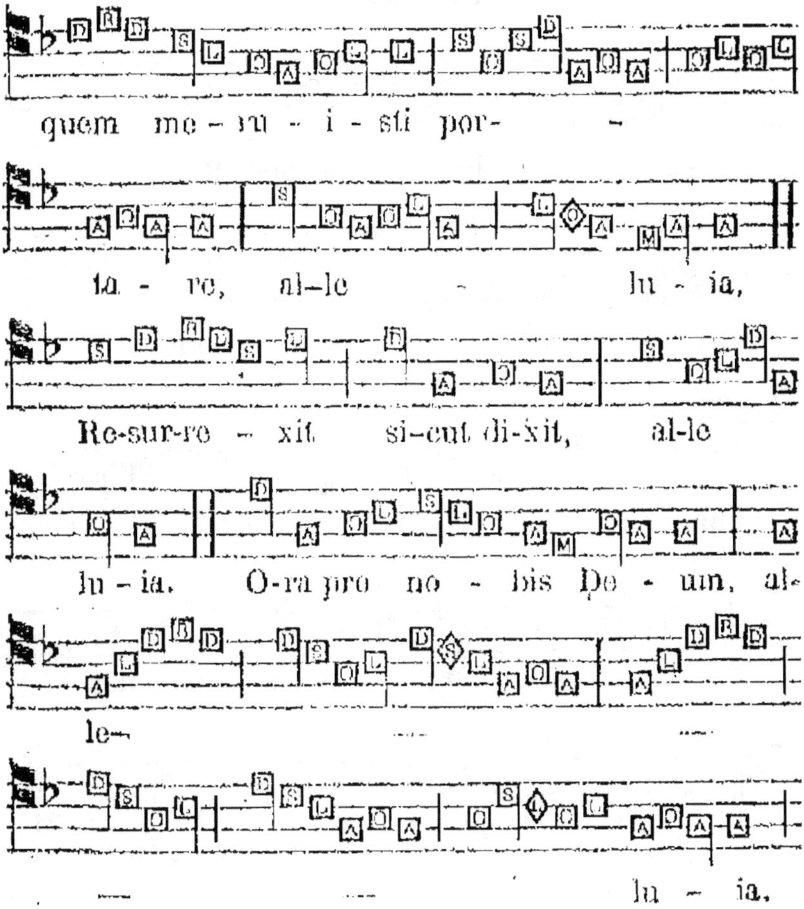

## A LA SAINTE VIERGE.

quem me-ru-i-sti por- — ta-re, al-le — lu - ia,

Re-sur-re — xit si-cut di-xit, al-le — lu - ia. O-ra pro no - bis De - um, al-le— — lu - ia.

### SALVE REGINA.

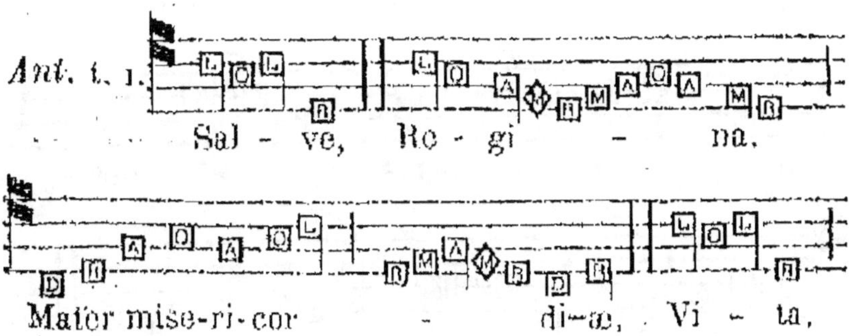

Ant. t. 1. Sal - ve, Re - gi — na. Mater mise-ri-cor — di-æ, Vi - ta,

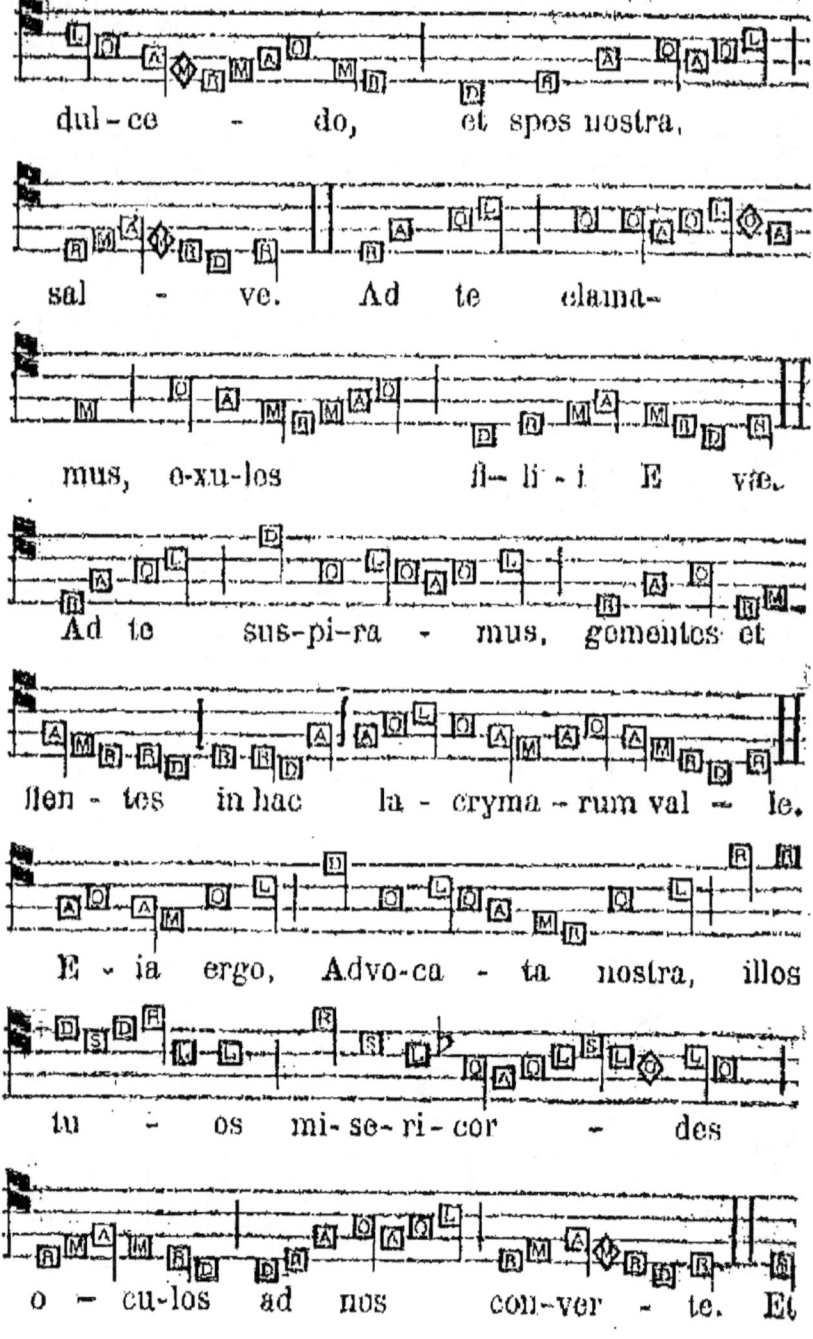

## A LA SAINTE VIERGE.

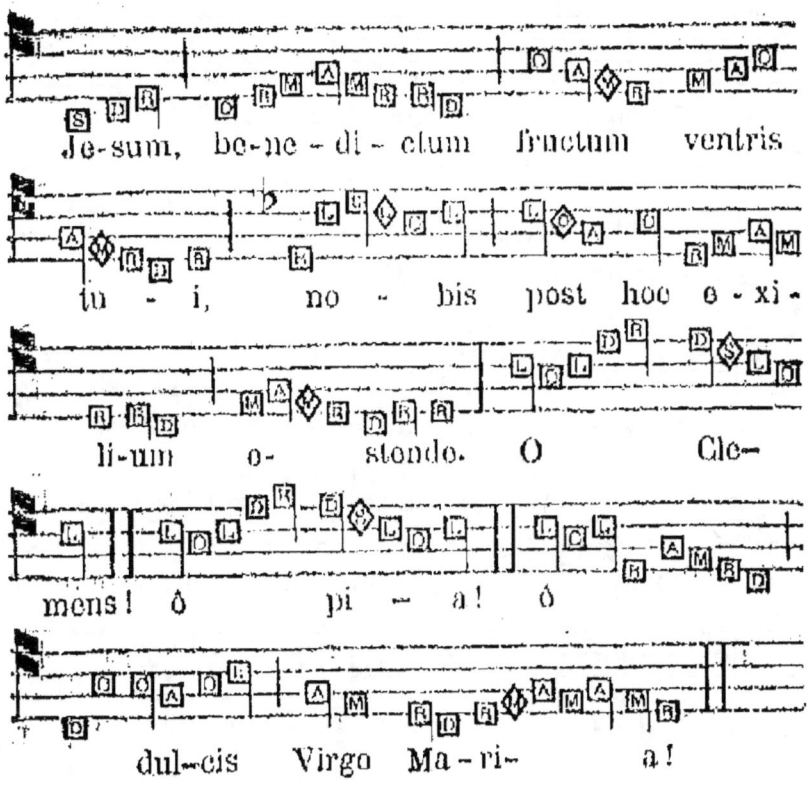

Jesum, be-ne-di-ctum fructum ventris tu-i, no-bis post hoc e-xi-li-um o-stendo. O Cle-mens! ô pi-a! ô dul-cis Virgo Ma-ri-a!

### AUTRE SALVE REGINA.

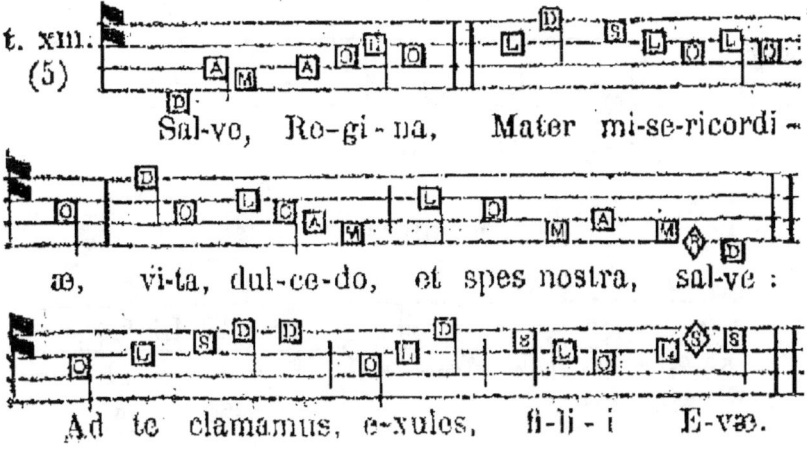

t. XIII.
(5) Sal-ve, Re-gi-na, Mater mi-se-ricordi-æ, vi-ta, dul-ce-do, et spes nostra, sal-ve : Ad te clamamus, e-xules, fi-li-i E-væ.

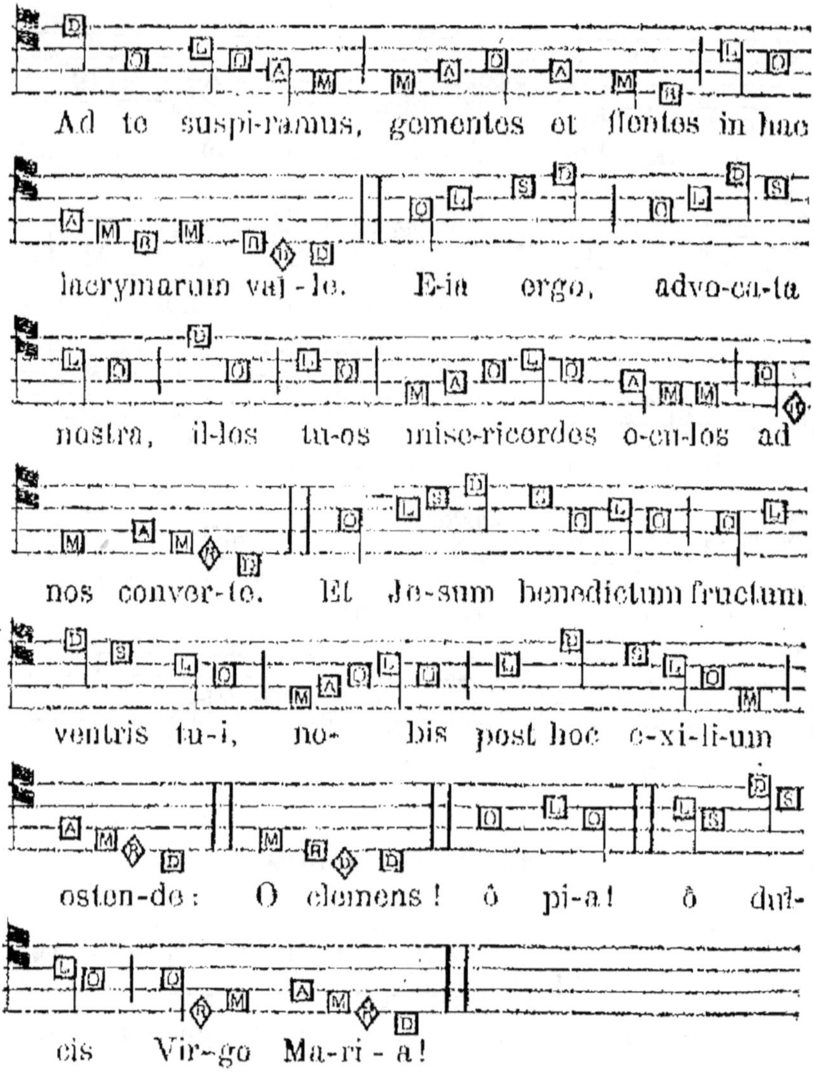

66    ANTIENNES

Ad te suspi-ramus, gementes et flentes in hac lacrymarum val-le. E-ia ergo, advo-ca-ta nostra, il-los tu-os mise-ricordes o-cu-los ad nos conver-te. Et Je-sum benedictum fructum ventris tu-i, no- bis post hoc e-xi-li-um osten-de: O clemens! ô pi-a! ô dul- cis Vir-go Ma-ri-a!

MEMORARE

T. IV. Memo — ra - re, ô pi - is - sima

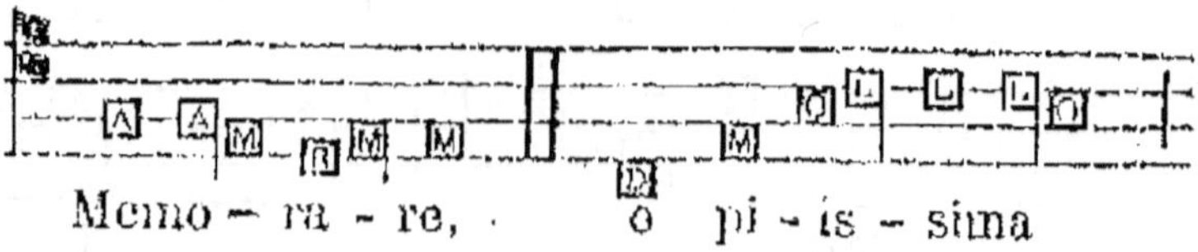

## A LA SAINTE VIERGE

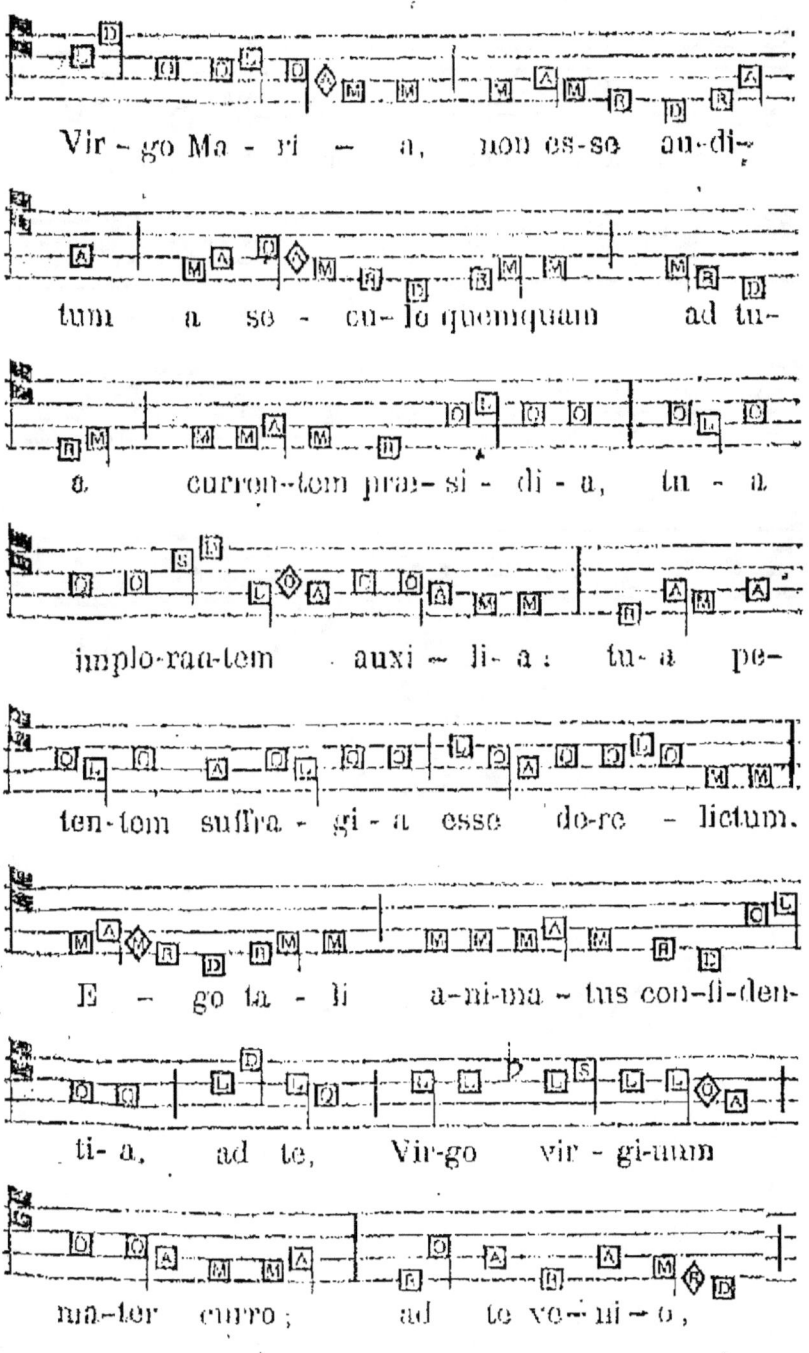

# ANTIENNES A LA S. VIERGE.

co-ram te ge-mens pec-ca-tor assisto,
No - li Ma-ter Ver-bi, verba me - a
des- pi - ce-re; sed au - di pro-pi-
ti - a au - di. A - men.

A. M. D. G.

Saint-Maixent, Typ. Ch. Reversé.

www.ingramcontent.com/pod-product-compliance
Lightning Source LLC
LaVergne TN
LVHW021719080426
835510LV00010B/1040